［美］刘墉———著

终身教养

Boys

男孩篇

作家出版社

男孩，
愿你坚强又前路平坦！

目录

Chapter 3 懂得爱学会爱

Chapter 4 绅士的品格

Chapter 5 不该犯的错不犯

Chapter 6　尊重生命

Chapter 7　做个世界人

Chapter 8　不负我心，不负我生

Chapter **1**

少年之烦恼

原来那一切都是这么平凡，这么不必大惊小怪。

于是，你才可以用平常心去面对这些人世的现象。

孩子，出去找你的世界

少年人如同春天，一番雨、一番暖，病一次、长一次。

老年人如同秋天，一番雨、一番寒，病一回、老一回。

九月初，先是岳母去大陆探亲，接着儿子回哈佛上课；十月上旬，我又陪老母到了台湾。

原先的七口之家，一下子只剩三个人。加上妻要工作，白天家里就只有三岁多的小女儿和七十多岁的老岳父了。

打电话过去，孩子一直问："爸爸、奶奶和婆婆什么时候回来？"妻则说孩子很乖，比家里人多的时候更听话，只是爱黏着她，寸步不离地跟在身边，好像怕再有大人，随时可能离开似的。

放下电话，我静站了良久，想那小女儿的心境。

可不是吗，她岂知大人因为各有要事而远行？在那小小的心灵里，只知道爱她的婆婆、哥哥、奶奶和爸爸，一个接一个地离开家。她怎能没有妈妈和外公也离开的恐惧呢？

恐怕偌大的家里，只剩下她一个！

再想下去，就令我悚然而惊了。算算家里的三位老人年龄加起来超过二百二十岁，就算他们再长寿，不也可能在那小丫头二十多岁之前，一一离开吗？

还有我们这做父母的，如果照我父亲去世的年岁算，竟连再陪她十年，也成为奢想。

我心寒了，觉得四十多岁生下她，固然是无比欣喜，却也有了一种先天的遗憾，怕自己难陪她走过较长的人生旅途。

记得儿子小时候，总要我带他去"大冒险乐园"玩。先坐两三个钟头的车子，接着又得陪公子坐那"云霄飞车"和"自由落体"各种惊险的游戏。

最初，下了三百六十度连转两圈的"云霄飞车"后，我觉得过瘾，问他还要不要再来一次，他苍白着脸，想一下，摇摇头。

只不过两年后，再去，却由我摇了头。

而今，眼看小丫头就要长大了，必定有一天会跟她哥哥小时候一样，要去"大冒险乐园"。到时候，我怎么办？

前人说得好，少年人如同春天，一番雨、一番暖，病一次、长一次。老年人如同秋天，一番雨、一番寒，病一回、老一回。

看那孩子们，可不是病一次、长一次吗？病完了，猛吃一阵，不但原来消瘦的，全补了回来，且长得更高、更壮。

相对地，中年以后的我们，则日日往下坡溜。

想到这儿，又觉得中年再生孩子，别有一番好处——父母一天天老了，需要人照顾，正好孩子一日日长大，可以负起照顾的责任。

也确实见到不少朋友，过了适婚年龄未配，就是为了照顾年老的父母。这些人常是老幺，父母年老有了他们。他们从小跟在父母的身边，眼看双亲一天天衰退，自然产生一种休戚与共的感觉，也"就近"责无旁贷地挑起照顾老人的责任。

于是，我这小小的女儿，不正将成为我未来的拐杖了吗？！

返台一个月，再拨电话去，妻说小丫头已经不再黏人，因为家里为她养了一只兔子，而且跟邻居孩子交了朋友。小丫头不是在家玩兔子，就是去邻家串门，一点都不用大人操心了。

我高兴地放下电话，突然觉得心里好澄澈、轻松。

过去常怕自己年老，孩子却离开身边的失落，但是再想想，老一辈总要先走，应该说离开的不是孩子，而是长一辈。当我们活着的时候，孩子即使不在身边，总能找得到。而当我们死后，反而让仍然活着的孩子，再也无法追寻。

如果我们永远在孩子心中排第一位，当我们逝去，他们将受到多么严重的打击！如此说来，能见到他们找到自己的朋友、伴侣，又是多么值得我们欣慰的事！

于是，我想当我老的时候，坐在火炉前，会对陪在身边的孩子说：

"不要总窝在我们身边。穿上大衣，出去玩玩雪！找朋友聊聊天！你还年轻，那外面的世界正等着你去发现……"

选自刘墉先生作品《悲欢离合总是缘》

战胜压力

压力有着非常特殊的滋味，如同"云霄飞车"，你可以转身离开，去玩简单的，也能硬着头皮坐上去，再在尖叫之后轻松地离开。

我曾在电视上看到一个日本 NHK 记者做的报道，人坐在泡了水的车子里，当水位升到六十厘米，车门还打得开，但是升到七八十厘米的时候，就推不开门了。因为水深只要变成原先的两倍，水压就会上升四倍。所以专家建议车上最好能够敲碎强化玻璃的锤子，以备不时之需。而当车子掉进深水里，推不开车门又敲不碎车窗的时候，可以等，等车里渗进的水逐渐上升，跟外面差不多高的时候，因为压力相当，就很容易打开门了。压力就是这么妙，当你内在的力量强，那外来的压力常常就算不得什么了。今天就来谈谈怎么战胜压力。

常听人说："压力太大，受不了。"或是讲："我这个人，就是受不得压力。"

其实我们每个人从尚未出生，就已经受到压力，而且一直到死，都无法脱离。甚至可以说因为地球上的生物已经适应了这种压力，只有在这种压力下才能生长得好。

不知道你在学校有没有做过这个实验——先装满一杯水，在杯口盖上一张纸，再把杯子倒过来。你会发现，那张纸和杯里的水，居然能不倾泻下来。这是因为大气的压力。

　　还有项比较复杂的实验，是把一个空心的铁球切成两半，合起来，抽掉其中的空气使铁球的两半紧紧吸在一起，据说即使用十六匹马都拉不开。这是有名的"马德堡半球实验"，证明了大气的压力，谁能想到，我们赖以生存的空气，由地面向上延伸六十到三百公里，也把它的重量狠狠加在我们身上。可是，我们不是活动得很轻松吗？那是因为我们的体内，相对地产生压力，两个压力抵消，就没感觉了。

　　我在电视里看过一个台湾的政界人物，早年做政治犯在监狱的时候，常自己泡豆芽。一大把豆子，泡在杯里，居然越被压在下面的豆子，长得越肥。他提到这事，就是因为受到启示，撑过困苦的日子，才能东山再起。

　　我自己也有经验——每年秋天，我会在地上挖一个个深达六英寸的坑，把郁金香的鳞球放进坑底，再盖上厚厚的泥土。每次一边盖土，我一边想："娇嫩的郁金香，为什么得种这么深呢？它们怎么有能力冲破这么厚的冬天冻结的泥土，在早春绽放？"只是，一年又一年，它们都及时探出叶片、露出花苞，绽放出彩色玻璃杯般的花朵。

　　当然，我也偶尔发现有些因为力量不足没能钻出泥土而死亡的。看到它们终于萎缩的球根，我有着许多感慨：它们不就像人吗？有些人很有才气、很有能力，甚至有很健康的身体，却因为受不了压力，而在人生的战场退缩下去。他很可能是参加竞选的政治家，实在受不了精神压力，而中途退选。他很可能是花几年时间，准备参加世界运动大赛的选手，却因为承担不了太多人的属望，唯恐失败之后，难以面对全国同胞，而临场失常，败下阵来。（当然因伤退赛是可以谅解的）

　　他还可能是每天把高考挂在心上的好学生。当那些功课不如他的人，都准备上场一搏的时候，他却宣布："我痛恨考试，为了向这考试表示抗议，我要拒绝高考。"他确实可能是特立独行的人物，敢于向他认为不理想的制度挑战。但是，我们是不是也可以这么想——他是因为太怕失败、受不了压力，而选择了不应战。

你看过城隍爷出巡的仪式吗？那真是精彩极了！掌管地府的城隍爷在前面威风凛凛地前进，后面跟着批青面獠牙的小鬼和背枷戴铐"被打下十八层地狱的恶人"。在很多地方，那游行队伍中，一边走一边"被打下地狱的恶人"会越来越多。因为一路有许多人，化装成罪犯加入。据说这样可以作为忏悔，帮他消减一些罪恶。但是据心理学家研究，他们实在是怕自己死了之后下地狱，所以先主动"下地狱"。好比原始人类怕狮子、老虎，反而把狮子、老虎画成壁画。也可以说，面对恐惧时，他们不但没有采取积极的态度，反而俯首下来，任凭宰割。

同样的道理，很多人有恐高症，站在高处往下看，就心惊肉跳。你问他有什么恐惧，他会说"害怕"。你再问："你不是站在很稳的地方吗，有什么好怕？"他可能说："我觉得自己会跳下去。"

不敢面对压力，或实在无法忍受压力的时候，就消极地逃避，甚至向那压力去靠拢、屈服。这是多么可悲的人性啊！连小孩子，都会用装病或弄伤自己，来博取大人的同情。连成人都会因为不敢面对工作压力，而装病不上班。他们哪知道，如同面对大气压力，最好的方法，是由体内产生相对的压力，使它两相抵消，觉得轻松。

最近读到两个人的报道，都谈到压力。

一位是二十世纪八十年代，以十七岁的年纪，勇夺温布尔登网球大赛冠军的德国网球好手——贝克。他说如果时光倒流，他真希望当年输掉那场温布尔登赛。因为自从他拿了冠军，大家对他的要求越来越高。只要一场失利，就嘘声四起。贝克感慨万千地说，大家好像只记得他是温布尔登的冠军，却忘了他还是个青少年。

另外一位，是伟大的音乐家伯恩斯坦，他曾经对一群年轻的音乐家说："你们要想成为伟大的音乐家，不仅在于你多么勤苦的练习，更要看你走上台，面对观众的强大压力时，是不是能一下子把所有的恐惧与犹豫全甩到一边。由内心产生一种特殊的力量，一种不信你办不到的力量。那力量，使你成为大师！"各位朋友，压力有着非常特殊的滋味，如同"云霄飞车"，你可以转身离开，去玩简单的，也能硬着头皮坐上去，再在尖叫之后轻松地离开。

　　如果人生像个游乐场，你打算怎么做？

选自刘墉先生作品《世说心语·成功篇》

少年维特的烦恼

> 青少年早上常常特别不爱起床，除了因为他们需要较多的睡眠，
> 更因为不知道如何面对外面的世界。

最近台湾的著名作家赵宁因为胆囊癌逝世了。赵宁虽然是名嘴和著名的节目主持人，其实有时候挺腼腆，行事也很低调，所以一直到他病重，文友们都不知道。噩耗传来，让大家非常悲痛。这也使我想起三毛，表面一派乐观的样子，其实骨子里很抑郁，加上是完美主义者，常常对自己的表现不满，而显得不快乐。记得她在一篇文章里写，自己到了晚上，如果想想当天没什么成绩，即使累了，也会再读读书、写写东西，又说刘墉也有这毛病，就是总希望"不负我心"。

三毛死前两年，常写信给我，大概因为我们都爱画画、写文章，个性又接近，她比较会在信里说自己的抑郁。譬如她说，有一次某杂志社老板请吃中饭，使她由前一天就不安，结果一夜失眠。又有一回告诉我一种很有效的抗抑郁的药，说她吃了舒服得多。其实三毛在自杀前，早露出一些征象，只是朋友们没有察觉事情的严重。她死前住在台北荣民总医院，我去看她，她说我没先通知，害她素颜见人，还开玩笑，要拿身边的小药瓶砸我。也就因为她常表现在外面的是乐观开朗，使大家没能防止她走上绝路。

想到三毛的死，想到她高中也曾经因为抑郁症休学，我觉得有必

要谈谈青少年的抑郁和自杀的问题。各位知道十五岁到二十四岁的年轻人，前三大死因是什么吗？答案竟然是：意外、恶性肿瘤和自杀。

年轻人正在花样年华、黄金时代，为什么会厌世呢？这是很多人不能理解的。只是据《读者文摘》杂志 2003 年做的统计，上海和香港的青少年，曾有自杀想法的占 11.3% 和 11.2%；台北的更高，居然占 27.7%。香港的《文汇报》上更说去年十九岁以下自杀的人数，比前年多了 74%。更可怕的是香港青少年自杀，选择了更绝的手段，就是跳楼。

面对这样的统计数字，做师长的人能不反省我们引导青少年的方法吗？会不会由于时代变化太快了？会不会因为功课的压力一天比一天重？又会不会因为今天的父母太忙碌、情绪不稳定，跟孩子的沟通不够，使青少年的自杀率不断攀升？

先让我们想想青少年时期本来就有的特质。这也是我在前面曾经提到的——当一个孩子到了青春期，长得跟父母一样高大了，似乎可以独立，却又不得不依靠父母，会造成心理上的矛盾。另外，当他们走向独立的时候，对自己的能力不放心，造成心情上的惶恐。还有，过去他们在父母的呵护下，一切都听大人的指示，当他突然要自己面对外面的世界时，就好像关在笼子里的小动物，一下子被放出来，他们常常冲出笼子先要怔一阵，无法适应陌生的环境。因此，好多青少年会问："人生的目的是什么？价值是什么？我为什么活着？"

青少年早上常常特别不爱起床，除了因为他们需要较多的睡眠，更因为不知道如何面对外面的世界。当他们想到，起来有一堆的功课、一家属望和一串考试，恨不得躲在被窝里不要出来，恨不得别长大，永远躲在父母的怀里，很多抑郁的现象也就在这时候显现了。

抑郁症会怎么样？我有位朋友说得好，就是不愿面对外面的世界。当他的房客欠他房钱，他要打电话去催的时候，却一边拨电话，一边希望对方不在家。也可以说，抑郁症显示了退缩与畏惧。而且据统计，越是完美主义，越对自己不满的人，越容易产生抑郁，所以功课好的学生更容易抑郁。他们可能把事情直挂在心上，放不下。就像三毛说的，第二天中午有应酬，前一天就没办法睡了。抑郁症的人很爱自责，甚至到了晚上，会把白天发生的事整个想一遍，想对某人是不是说错了话，然后翻来覆去睡不着。所以抑郁症的人也可能产生"强迫症"的现象。譬如在路上看到一块香蕉皮，没立刻捡起来，他可能走出去一公里了，还一直念着、不断自责，再跑回头，捡那香蕉皮。最普遍的原则是，出门前查煤气灶关好了没有，查了一遍又一遍，把大门都锁上了，还不放心，要重新打开门，再查几遍。

近几十年来，医学界发现抑郁症不只是心理问题，还是大脑里缺少"血清素"造成的。血清素是什么？举个很简单的例子，抑郁好像站在岸边，等着渡河的人。每个人都有烦心的事，但是大多数人的脑海里有很多船，才到岸边招招手，就有船过来，把抑郁渡到对岸了。血清素负责脑神经元之间的传导，有抑郁症的人，因为缺少血清素，好像河上只有很少的船，于是岸边等待的抑郁客人越来越多，那抑郁症的病征就显现了。

再举个例子，如果一个人早上碰到件不顺心的事，但很快发现是误会，问题立刻解决了。按说事情过去，一点没事儿了，他却可能搞得一整天不高兴。这个所谓惹一肚子气，气一整天，就因为脑海里不快乐的情绪没能很快地渡过河。

河上的渡船不够，会造成岸边站了太多等着过河的抑郁客人。换个角度想，就算渡船不少，如果抑郁太多，譬如一群又一群的人拥向岸边，那岸边也会拥挤。太多人拥向河边，就是有太多烦心的事。所以当情感的困扰、金钱的困扰、功课的压力、考试的压力太多的时候，也容易产生抑郁的现象。当那些压力大到无法承受，就会崩溃。

如果外人及时发现，能多关怀，多陪伴，为那个人减少压力、舒缓情绪，或者在验血发现缺少血清素的时候，以药物治疗，也能避免悲剧的发生。

　　只是很多人可能像三毛自杀前一样，虽然严重地失眠和抑郁，对外却表现得快乐洒脱，亲人必须很细心才能察觉。

选自刘墉先生作品《世说心语·教育篇》

年轻人有探索的权利

许多名校的研究所，也要求先有工作经验，再去申请。
因为求学不应该只为文凭，而应该为了实现人生的理想。

最近在台湾地区因为所谓"洗钱案件"，有个非常小的欧洲国家列支敦士登，一下子红了起来。多年前我曾经跟我太太去过那个不到一百六十平方公里的小国，但是今天提到列支敦士登，浮上我脑海的不是阿尔卑斯山和莱茵河的景色，或山头上的皇宫，而是一家餐馆。

记得当天，我和太太在那儿午餐，跑前跑后的服务生居然是两个东方年轻人。我问他们是不是住在当地很久了，两个人笑笑，说不过半个月，因为骑脚踏车在欧洲各地旅行，没钱了，正好是暑假旺季，这家餐馆缺人，就留下来打工，赚够了盘缠再继续走。还说有好多来自世界各地的年轻人，都这样自助旅行。

其实何止在欧洲，年轻人早就在世界各地穿梭，过去达尔文如果不是得到机会，在二十二岁那年上了"比格尔号"，到世界各地观察不同的物种，不可能研究出"进化论"。今天，这个月你可能在北京的街头，看见来自欧美的几个背包族，下个月可能在云南的丽江，又见到他们的身影。再过几天，他们已经到了香格里拉，又过不久去了西双版纳。你会惊见越来越多金头发蓝眼睛的人，能说一口漂亮的京片子；也可能在挪威奥斯陆看见一群说普通话的中国面孔，原来他们从温州移民到奥斯陆。今天在上海外滩顶级西餐厅里,掌勺的可能是法国米其林的三星名厨,在台北意大利餐馆为你介绍起司的,是曾经留学上海的意大利学生。更进一步,你可能发现,在台北瑞士餐馆吃的小火锅,是由留学瑞士的台湾人做的,那味道即使瑞士人都得竖起大拇指。你也可能发现前两年的背包族学生,突然摇身一变,成为提公文包的贸易商,上个月才把中国的蚕丝运去法国,这个月又把在法国织染好的东西送去意大利,只怕再过几个月,又把做好的名牌时装,运到了中国。

记得三十年前,我初次去挪威,住在奥斯陆的格兰酒店,早晨被外面的孩子吵醒,只听见好多孩子的跑步声,又笑又叫,突然让我觉得好像一下子回到了中国,才发觉原来全世界孩子的叫声是那么相似。

早期我去外国,总不习惯当地的食物,现在旅行久了,渐渐觉得其实所有的食物都是人的食物,用人类一样的味蕾,不带主观地品尝,自然能得到其中的滋味。

在世界各地旅行,我还看到个有意思的现象,就是由一个地区到另一个地区,人们皮肤的颜色是慢慢变化的,譬如这个地区白,那个地区黑,中间就是褐色。即使一黑一白两个地区总打仗,好像世仇,在他们中间地区的人,也像把巧克力加进牛奶里,成为巧克力牛奶的颜色。于是我猜,八成打归打,世仇归世仇,年轻男女间的恋爱,好像罗密欧与朱丽叶,总是偷偷地发生。

几乎所有的生物,都有个本能,就是往远处发展。你瞧,蒲公英种子为什么撑起小伞,跟着风一起去旅行?枫树的果子为什么好像长了翅膀,在空中滑翔?凤仙花的蒴果,为什么成熟时会爆裂得四处都是?如果人类起源于非洲,为什么后来散布在全世界?他们多会跑啊!由非洲到两河流域,往西去了欧洲,往东去了中亚、印度、中南半岛，往南下了马来西亚、印度尼西亚，去了澳大利亚、新西兰和新几内亚，说不定还渡海去了复活节岛。至于去了东北亚的，又有些渡过白令海峡，到了阿拉斯加，再往南去了北美、中美和南美，也说不定跑去了复活节岛。复活节岛上用的一种工具"有段石锛"，又可能跟浙江良渚和河姆渡文化有关。连玛雅文明，都可能跟中国有关。

这世界大吗？国与国、人与人、民族与民族的差异大吗？有解不开的仇恨吗？

以前的文章中，我提到一个兔唇的女生，现在成了纽约一家著名医院的耳鼻喉科医生，但是我没提，她由常春藤盟校的哥伦比亚大学毕业之后，曾经在林肯中心音乐厅里带位。我也说过一个叛逆的女生，在大学被开除，现在是法律研究所的高才生，她中间有一段时间在长江游轮上端盘子扫厕所。而我的儿子，在拿到哈佛心理学硕士之后，没先通知我一声，就到阿拉斯加北极圈边上的一个小城，帮朋友盖房子。今天早上，我翻开报纸，看到我少年时的老朋友，"焦唐会谈"代表台湾地区的焦仁和，他的儿子拿到美国名校法律外交的双硕士，现在致力于音乐。他们都先探索所有的可能、为自己的人生定位，再决定未来的路线。

许多名校的研究所，也要求先有工作经验，再去申请。因为求学不应该只为文凭，而应该为了实现人生的理想。如同修教育学分只为找个教书的工作，和教书之后再去修教育学分，中间有很大的差异。

新新人类的生命比上一代长多了，这世界又变得小多了。再因为科技的日新月异，每个人一生中有更多转换工作的机会。这几个条件加在一起，使得年轻人可以利用他们较长的人生，做更多的摸索和选择。当全球的年轻人都在世界各地穿梭，把整个地球当作自己的舞台，当过去的人类留下遥远的足迹，跋山涉水到地球的每个角落，当我们的航天员已经漫步太空，向别的星球探索的时候，我们还能把孩子放在只知考试和升学的小框框里吗?

　　孩子要用功,要考好学校,没错!但是在这个多元的世界,要有多元的价值观。记忆不等于学问,聪明不等于智能,知识不等于见识,智商不等于情商,成绩不等于成功。中国是古国,不是老国!

　　教育新新人类,需要新新的观念、视野与胸怀。

选自刘墉先生作品《世说心语·教育篇》

台面都上不了，怎么成功

"要成功，先得上台面！台面都上不了，怎么成功？"
而这台面岂是易上的？常是要忍辱、负重、贴钱、蚀本、吃亏，
且偷偷地吞下眼泪，才能上去的！

"台湾有一家杂志社，想请你那担任专业模特儿的同学乔安娜拍封面照。"才回到纽约，我就告诉你这个好消息，你却手一摊：

"乔安娜已经不干模特儿了！"

"为什么？"我一惊，"一米八的身高，人长得漂亮，她很有这方面的条件哪！"

"挫折感！你知道吗，她的经纪人，三天两头叫她去不同的地方面试，不要说十去九不成了，简直去一百次，有九十九次不成！好不容易搞到一个机会去加拿大为服装杂志拍照，偏遇上坏天气，而摄影师需要一片蓝天的背景，结果钱虽然拿到了，照片却没被采用。"你十分为她抱不平地说，"最火大的是寒假，她接了一档不错的工作，去巴哈马群岛出外景。哪知道，当她兴高采烈地飞到迈阿密，转机时才发现巴哈马群岛是外国岛屿，而她没有护照签证。人家不准她入境，只好打道回府，偏偏普通舱又客满，买了头等票回来，她的经纪人却要她自己付来回机票钱，乔安娜简直破产了，所以她决定不干了！"

018

"你觉得有道理吗？"我问。

"多少有点道理！挫折感就是道理，一而再再而三地受挫折！"

那么让我说几个亲身经历给你听吧！

在我大学刚毕业的那年，非常幸运地得到了一个主持三台联播晚会的机会，由于反响很好，某公司就请我去制作并主持一个类似的节目。于是我每天奔忙于节目的联络，并亲自编写脚本，甚至跟着歌星一起录音，临时客串和声。

节目中有个短剧，也由我编写，但是当我千辛万苦找来各种史料，将剧本写好时，导播却说不行，由他找人改写。只不过改了小小几段，编剧却换成了别人的名字，更甭提编剧费了。

过了不久，那公司请我担任一场晚会的主持，事后导播拿了主持费的签单给我，说："对不起！由于制作费不够，虽然你签的是这个数字，我们只能付一半，其余的得拿去补贴别人！"

过了一阵子，他们又找我，说有个益智节目应该改进，并把我介绍给制作人。

那位制作人倒也十分热情，要我立刻参与新节目的策划，并撰写第一集的脚本。岂知脚本送上去，便石沉大海，原来制作人带着新节目的策划案，跳槽了！

于是公司又要我去找另一位制作人……

说到这儿，我请问，如果是你，你还去不去？而前面我所说的这许多遭遇，又算不算是挫折感呢？

我去了！这就是我主持《分秒必争》的因缘。那个节目，收视率非常高，而我在每次节目的开场白，则成为后来的《萤窗小语》！

再谈谈《萤窗小语》吧！你知道当我拿着第一集的稿子，去见一位出版社负责人的情况吗？他随手翻了几页，斜着把稿子递还给我，笑着说：

"这么小小一本，我们不感兴趣！"

他的笑，我一辈子都不会忘记。

接着我又拿去给电视公司的出版部，说："这内容既然在公司播，是否能由公司出版？"

对方的答复也差不多："这么小小一本……你自己出吧！"就是这一句"你自己出吧！"使我一本接一本写，一本接一本出，建立了我对写作的信心，创作出更多的东西！

直到今天，我常想：如果没有先前的挫折，而由别人草率地出版，可能不会销得那么成功，也没有今天的我。

再往前想，如果我当初跟导播斤斤计较，找公司负责人理论，或许能"争回个公道"，但很可能便没有后来的机会，没有《分秒必争》，也就没有《萤窗小语》，我更不会被聘请进入新闻部。

那么再谈新闻部吧！当我进入新闻部后，由于《分秒必争》的风评好，又有传播公司请我复出主持，甚至拉到十几家广告。岂知公司先同意，临时却又以记者不适合兼做节目而变卦，另塞给我一个新闻性的节目——《时事论坛》，叫我担任制作兼主持。

当时的新闻尺度很严，大家都说我非但丢掉了金蛋，而且拿了个烫手的山芋。事实果然如此，第一集上午才录完，下午就接到通知——不准播出！理由是对大专联考批评太多，会影响考生及家长情绪，影响社会安定。

而节目就要在第二天播出，我急成了热锅上的蚂蚁。

请问这是不是挫折感？如果是你，或是你的同学乔安娜，你们还做不做？

我咬牙扛了下来。不到一年，《时事论坛》获得金钟奖！

今天，每当我遇到挫折，便感恩。因为我的成功都是从挫折中产生的，我的良机常是对手给予的。当前面的山路塌方，我所获得的是找另外一条出路，而在那里常见到别人未曾看过的美景，所以在我的字典里没有"挫折感"这个词。

就由出路谈起吧！去年我回国时，与一位担任电视演员的朋友一起去梨山玩。刚到达，朋友半夜突然接到台北电话，要他回去录一个男扮女装的闹剧。

"一定是别的大牌演员拒演，才会轮到我！"他说，"抱歉！我明天一大早就得赶回去！"

"既然是别人都不愿演的丑角，你为什么接？"

"因为这是我难得担任主角的机会。要成功，先得上台面！台面都上不了，怎么成功！"

他的话很简短，却道出了真实的人生、现实的人世！也使我想起十几年前一位著名歌星对我说的话：

"当年不如意的时候，我请求去歌厅演唱。那老板居然一脸不屑地说：'你有这个身价吗？如果你能以台下的掌声证明，我就请你！'当时我觉得简直受到侮辱，但是我把眼泪吞了下去，说：'可以！我可以找到人买票捧场！'而我确实就花钱买票，请亲戚朋友去看，专为我鼓掌叫好。渐渐地，掌声越来越响，不仅是我请的人，而且有了许多自动前去捧我场的听众，甚至到后来，我的亲戚想去，都买不到一张票……"

她最令我难忘的一句，也是：

"要成功，先得上台面！台面都上不了，怎么成功？"

而这台面岂是易上的？常是要忍辱、负重、贴钱、蚀本、吃亏，且偷偷地吞下眼泪，才能上去的！

如此说来，乔安娜的"挫折感"，又能算是挫折吗？如果怕挫折，她能上得了台面？

又能够成功吗？

请你好好咀嚼我的这段话，并转告乔安娜！

对了！我还有一点好奇，身为史蒂文森中学三年级高才生，怎么会不知道巴哈马是外国？

选自刘墉先生作品《肯定自己》

当你成为一只候鸟

> 如果我觉得离家远行，是离开了自己的天堂，从别人的角度想，
> 我何尝不是去了别人的家乡、别人的天堂。

"每次坐飞机，就觉得又死了一次。"昨天我对朋友说。

"你为什么想得那么糟？"他瞪我一眼，"别说不吉利的话好不好？"

我笑了起来，因为他听拧了我的意思。

将近二十年了，总在太平洋的两岸穿梭，越来越倦，却也越跑越远。

虽然每次回家，都要待上好一阵子。但是因为一年的行程都已经排定，下飞机时便已经有再上飞机的压力。

万里外的演讲是早答应的，出书的时间也已定下来，写作不能耽搁一天，演讲也都无法更改。

于是，闲散的心情越来越少了，好像在为别人活，为"日程"活。

直到三个月过去，拉出藏在床下的旅行箱，开始打包，才觉得过去的一百个日子，仿佛匆匆地跳了过去。

今天下午，如"往日"一样，端杯咖啡坐在窗前，发觉窗外的景色好美；整理桌上的文件，发现有些早收到的信件没回；太太开车带

我去冲照片，发现附近又盖了些新的房子。

树梢已经染了一些霜红。秋天来了，想必院子里又将是一片艳丽，而我，却又将离开家了。

行前，不单忙，也有着一团离情与遗憾。怎么想，都觉得又虚度了回家的一段宝贵光阴。

该读的书没读，该约的朋友没约，该去图书馆借的录像带没借，该教孩子的东西没教完，该跟老婆说的话没说尽。

这不就像濒临死亡的情怀吗？

当有一天，我们将要离开这个世界，不是会有一样的遗憾吗？

所幸的是，我的旅行总是来来去去，上次的遗憾下次还能补。

只是，下次总有下次的遗憾。

读费慰梅写的《梁思成与林徽因》，这对中国建筑界的才子与才女，婚前在美国总爆发激烈的争吵，好像随时都会解除婚约。

梁思成的爸爸在给大女儿的信里说：

"今年思成和徽因已在佛家的地狱里呆（待）了好几个月。他们要闯过刀山剑林，这种人间地狱比真正地狱里的十三拷问室还要可怕。但是如果能改过自新，惩罚之后便是天堂。"

真是佩服梁启超这番境界，也真觉得自己的一生是在天堂与地狱中不断穿梭。

每个苦闷、矛盾与挣扎，都可能是地狱；每个顿悟、释怀与解脱，都可以是天堂。

"千年暗室，一灯自明"，人生的几十年，何尝不是"一灯自明"，只是那明不见得是长明，我们总是随着境遇与心情而明明灭灭，又明又灭。

如同我每次离家，都有死前的珍惜与遗憾；每次回家，放下行囊，放下心情，洗个澡，往床上重重地倒下去，觉得好轻松、好幸福，又恍如到了天堂。

只是深想，家不见得一定是天堂，异乡也不必然是地狱。

如果我觉得离家远行，是离开了自己的天堂，从别人的角度想，我何尝不是去了别人的家乡、别人的天堂。

漂泊久了，每架飞机落地的时刻，都觉得像回到了家，那大地、田野、房舍、迷迷离离的灯火，无论在世界的哪个地方，都差不多。

总有人在候机门外伸着脖子、挥着手，总有握手、拥抱、车子来接。

这不就是"生"吗？

从上一个世界，被飞机带去下一个世界，被"新的亲人"欢呼、拥抱，接去新的家。

新的家里有新的朋友、新的责任、新的得与失。

就像我这次的远行，去祖国大陆一个多月，为下岗职工、失学子女募款，为大学生、中学生演讲，想必也会是丰丰富富的一生。

当我一个多月之后，离开的那一刻，会不会像每次去台湾，离开时想到某个朋友忘了聚会、某个学生忘了约谈，然后带一箱读者的信件和惶恐的心情，赶往机场、登上飞机？

每次离台，在往机场的路上，我总会对陪行的秘书交代一件又一件的事情，两三个月的停留，似乎只有到那一刻，才发现该说的都没说。

这又多像临终前交代后事啊！

"死"的那头，总有"生"在等着；离别的忧伤总有重逢的快乐来弥补。"来也匆匆""去也匆匆"的相对，是"来也很好""去也很好"，于是，又有什么好怨的？

一群黑影掠过我的窗前，伴随着一片嘎嘎嘎嘎的叫声，这些黑颏加拿大雁，已经起程，先飞到我附近的公园停留几周，再转往温暖的南方。

据说有人在它们身上做记号，隔年发现它们还会回到同一个地方，就像燕子，既然在你的檐下筑巢，就年年回来，衔泥修补它半年未住的老家。

只是，在南方，它是不是也年年衔泥，到另一个屋檐下？

客厅里传来卫星电视报气象的声音，妻突然打开门：

"台北还很热，大连已经冷了。"

"纽约也快冷了。"我说着把记事本翻开，到十月中，写下：通知家里，把院里的花收进屋子，免得冻坏。

突然觉得自己的世界变得好大、好宽。

又突然觉得自己加入了那群大雁，想着北方，飞向南方……

选自刘墉先生作品《爱何必百分百》

男大不中留
——子女步入成熟期，父母应有的态度与调整

孩子要出去住校，你该高兴！孩子的同学要来家住，你该觉得光荣！
孩子接触过不少异性朋友，你该鼓掌，因为那表示他对异性有了选择力！

故事一

"咱们买一栋有游泳池的房子如何？"某日我对十七岁的儿子说。

"好啊！我赞成。"儿子继续看他的电脑杂志。"那么你就得进一所比较近的大学，譬如普林斯顿或哥伦比亚，这样才能常在家享用游泳池，对不对？"

"进远处的大学照样可以游泳，哪个学校没有游泳池？"

"可是家里有你专用的更衣室，免费的餐饮，游累了跳上床就可以睡大觉，更不怕在池子里撞到别人！"

"老爸！"儿子总算抬起头，"但是你有没有想到，家里的游泳池边，站的是老爸、老妈，学校游泳池边，站的却是美女啊！"

"……"

故事二

"我儿子经常说有同学家长邀请他去玩，并且留他在那里过夜，又说要把几个同学带回家住，好像家里开旅馆似的！"某日我对美国朋友说。

"那真是好极了！"

"好极了？"我瞪大眼睛，"你说好极了？"

"当然！第一，表示你儿子人缘不错，人品也好，否则哪个家庭会欢迎他去过夜？第二，表示你的家够大，而且够温暖，否则如何留宿别人的孩子？别人又怎么会喜欢到你家去？第三，表示你的孩子够独立，因为不够独立的孩子不懂得做主人，如果孩子到你家过夜，却都是由你这个老爸出面接待，由你太太为他们准备早餐，又在你们的监督下活动，那些十七八岁的大孩子保准会受不了而逃走。所以不论孩子去别人家住，或别的孩子到你家来，对你都是好事，甚至可以帮助你孩子成长！"

"……"

故事三

"谁说女大不中留？我看哪，男大更不中留！"我对系里的同事说，"现在高中还没毕业，已经常常弄到七八点钟才回家，连带使我的健康也大不如前了，因为从前常有儿子下课之后陪着打球、短跑，现在却连谈话的机会都难得！"

"他有他的世界嘛！你总不能叫他永远属于你，你把他生下来，是为了你有个伴，还是为了你有个后？"

"可是在一起十八年，孩子突然上大学离开家，做父母的多寂寞啊！"

"天哪！你不开香槟庆祝，居然还要喊寂寞？"同事从椅子上跳了起来，"我的孩子才十岁，我早就做梦有你这么一天了！夫妻重新回到两个人的自由之身，要去哪里就去哪里！在房子的任何地方亲热，都没有人碍眼，这是人生的新阶段，夫妻二度蜜月的开始啊！"

"……"

故事四

深更半夜，夫妻二人正坐在灯下发愁，等儿子打电话来，好去地铁车站接他，却听见门外楼梯响，小伙子居然自己回来了，还带着一个细高细高的洋妞。

"我能不能为你们介绍一下，这是我的女朋友——安娜！"儿子一手把安娜挽了过来，"她妈妈开车送我回来的，正在门口等，我特地把她带进来见见你们。"

"好！好！好！"我们老两口做出笑脸，"把门灯打开，看得清楚！"

第二天一大早，老婆就打电话给她的心理学专家：

"我们有麻烦了！我儿子不但到女朋友家吃饭，见过她一家人，居然还把那女孩子和女朋友的妈妈都带回家来，一副要定了的样子！真正要命的是，我和我先生都不欣赏这女生，而我儿子竟觉得她美若天仙，看样子是坠入了情网，怎么办？"

"你们平常对他交女朋友，管得很严吗？"

"是啊！"

"……那是真麻烦了！因为他缺乏免疫力，没有比较的机会，一旦有大胆的女生主动找上，母猪也成了天仙！"

"那怎么办哪！他如果要娶那个女生，我们一定要改遗嘱，一文也不给他！"老婆急得跳起来。

"对了，你儿子多大啊？"

"十七岁又三个月！"

"那还好，现在只是过渡期。"电话那头开始安抚，"未来机会还多，换了环境，自然可能换对象。话说回来，今天交这种三八野女生反而是好事，既然交过了，就有免疫力。如果你儿子现在二十七岁，可就真麻烦了！"临挂电话，对方又叮嘱："你们没有骂他吧？记住，少批评！这年龄的男孩子，正义感和反叛性特强，你越看不上、越瞧不起，他就越要！你只当没见过，根本不记得！因为交这种女生，就是要引人注意，你们不注意，他就没意思了！"

教训和启示

以上虽然看来只是笑话式的故事，却在它的真实面目背后，告诉我们许多严肃的问题，或启发我们一些现代父母应有的观念：

一、孩子有孩子未来的世界，父母不能以自己的价值观来衡量孩子的选择，也不应该再有养儿防老或养儿做伴的想法，希望孩子永远跟在身边。

二、现代年轻人，如同大人一样，除了在外的交际，也应有在家中招待朋友的权利，或到别人家做客的机会。这种做主人和做客人的经验，可以帮助他独立，并建立较佳的人际关系。

三、利用孩子招待朋友和引见朋友家长的机会，做父母的正可以进一步了解子女交友的品位，并给予适当的导向。

四、夫妻生活的目标，不应过度建立在子女的身上，在子女未离家之前，就应该开始有心理准备，更进一步建立属于夫妻两人"二度蜜月"的积极人生观。

五、不要完全禁止年轻人交异性朋友，否则他未来不是找了一个母亲型的大女生，继续做妈宝男而难以成熟，就是莫名其妙地以第一个异性朋友作为终身的伴侣，连一些比较的想法都没有，死心塌地爱上对方。所以培养孩子对异性迷惑的免疫力，是每个父母的义务。

六、孩子交了不适当的异性朋友，可以为他做客观的分析，而不要主观地排斥或歧视，免得激起不正常的同情心、正义感和母性，反而陷得更深。尤其不可有过激的反应，而应当以冷静的态度来面对。

"自求多福！"不论对做父母或子女的，这句话都很恰当。那些非要为子女造福，或非要子女为父母造福的人，都可能过犹不及！

选自刘墉先生作品《现代症候群》

Chapter ②

英雄出少年

风大时，要表现逆的风骨；风小时，要表现顺
的悠然。

上课第一天

| 崎岖而黑暗的道路，将使你真正地成熟！

今天是你上高中的第一天，虽然早晨我没有起来送你，却很清醒地听见你匆忙的脚步声，也知道你似乎有些胃不舒服，想必是因为紧张所引起的。

我知道，你必须先走到巷口去搭 Q17A，再转 Q44A 公共汽车，最后坐 F 号的地铁，穿过半个皇后区、曼哈顿中城的河底隧道，经过五十三街向南行，到十四街转 L 号车到学校。由前两天我带你试坐的经验得知，这单程就需要一个小时又四十分钟，无怪你的祖母整天坐立不安。

我也知道纽约的地铁，是世界上最乱且最不安全的地方之一，每天报上总有抢劫甚至杀人的新闻，前两日一个中国人被精神病患者推下铁轨碾死，上星期又有一个女人被车子拖了几百米而死。至于你所经过的地方，虽然有世界最繁华的第五街，却也有最肮脏下流的四十二街，如果说你每天穿过毒蛇猛兽出没的森林去上学，是绝不为过的。

问题是，对于你这个过去从未一人离开家门超过五千米的孩子，我为什么放着门前的高中不让你上，却让你冒那么大的危险，每天奔波于曼哈顿呢？

　　这一方面固然因为你考上了世界名校，有小哈佛之称的史蒂文森高中，另一方面更由于我认为这已是教你出去历练的时候了。在人生的旅途上，我们都要走这样的路，穿过这样的危险，去追求自己的理想。甚至应该说，人生的道路是更危险的，因为它只有去，没有回，走的是过去都不曾经历，且只可能经历一次的路，如此说来，你未来四年的通学，又算得了什么呢？

　　大概还是因为不放心吧！怕你在回程找不到公共汽车站的位置，我特别算准了时间，到地铁的出口等你。知道吗？当我看到你惶惶恐恐地走出站时，心中百感交集，兴奋得有如多年不见的父子重逢。而你那惊喜的眼神中，竟也含着泪光。

　　回程的公车上，你向我抱怨地铁最后两站之间的距离好长，还以为是坐错了车，而上次我带你试走时没能记下的站名，你居然今晚全能如数家珍地背出来。

　　是的，年轻人！你渐渐会发现，当你一人独行的时候，会变得更聪明；当你离开父母的时候，才知道父母是你的倚靠、你的盼望。

　　崎岖而黑暗的道路，将使你真正地成熟！

选自刘墉先生作品《超越自己》

英雄出少年

请看重你自己，看重你自己的现在，
达到你超越前辈的成就！创造你足以自豪的自己！

今天中午，我们任饭菜凉在餐桌上，坚持看完了法国网球公开赛的电视转播。当最后一局，华裔小将张德培直落三盘，以六比二赢得奖杯的时候，我们都跳了起来，因为张德培不仅代表美国赢回了失去三十四年的法兰西公开赛男子单打冠军，更为我们华裔又争得一分信心与光荣。

"最近，我们学校里，只要是姓张的，都对洋同学吹牛说：'张德培是我的兄弟！'"

你得意地讲："现在更了不得，他简直取代阿加西的地位，成为十几岁的青少年的新偶像了！"

可不是吗！以十六岁的年龄，居然能连续击败排名世界第一的伦德尔和排名第三的埃德伯格，使自己的名字永久镌刻在离巴黎铁塔不远的罗兰·加洛斯球场纪功石上，怎能不令人惊讶又敬佩呢！

如果说在体操、溜冰和田径项目，不到二十岁的小伙子打败如云的老将，还不算稀奇的事，那是因为十几岁的轻盈身体和爆发力，是赢得那些项目的有利条件。但是对于极需要经验和技巧的网球，由一个十六岁大的孩子夺魁，就难免让专家跌破眼镜了！

在电视转播中，我们可以明显地听出，播报员对他前面连输两局时的评语和眼见张德培扭转局势时，逐渐看风使舵的改变。

当张德培最后一局以四比二领先时，他们说："他可能会办到呢！"

当张德培在体力上显然占优势，又以底线左右抽球，使对手疲于奔命时，播报员说："没想到一个男孩子居然能办到！"在一旁的评论员则说："成年男人可能办不到，一个男孩子却能！"

这是一句多么耐人寻味的话啊！但我可以告诉你，我早就有这种感想，因为我过去不仅一次又一次地见到杰出青少年，有震惊前辈的表现，自己也曾经以十几岁的年龄，击败过二三十岁的老将，所以每当同辈的朋友说"一代不如一代，现今的年轻人，真是不行"的时候，我总会很公平地讲："长江后浪推前浪，可不能小看那些初生之犊！"

当曹植写《铜雀台赋》时，不过十九岁；当莫扎特写成脍炙人口的第一百八十二号交响曲时，才十六岁；当披头士一九五八年在利物浦的俱乐部登台时，不过是一群十六七岁的大孩子；当毕加索进入他著名的蓝色时期时，只是个二十岁的小伙子。

是什么力量使这些"英雄出少年"？

是因为他们虽然可能没有过人的功力，却有过人的精力；没有足够的学识，却有惊人的胆识；没有深思熟虑的计划，却有飞扬想象的创意。最重要的是：

他们是无名小卒，没有沉重的心理包袱。

这些都是成人们，或成名者所缺少的，也往往是少年制胜的本钱。

而你不就是这个年龄吗？你有体力、有冲力，是比上一代更进步的教育方法下教出的学生，在比上一辈更优渥的环境中成长，在比以前更民主的制度下发挥，你可以自由地奔驰想象而毫无盛名之累……

　　问题是，你有没有像张德培一样，将他年轻的火花迸射出来？

　　记得我大学时，曾经在校刊上读过一篇同学的文章，题目是《年轻，真好》。文章的内容已经忘光了，却一直记得这个耀眼的题目：《年轻，真好》，请看重你自己，看重你自己的现在，取得你超越前辈的成就！创造你足以自豪的自己！

选自刘墉先生作品《创造自己》

迎向战斗

最困苦的时候，没有时间去流泪。
最危急的情况，没有时间去迟疑。

今天早上你起得很早，却迟迟不见走出房门，直到我过去察看，才知道你居然坐在床边发愣。

遇到紧急的情况发愣，是你的老毛病。我一直记得两年前，当你母亲半夜急病，我把你叫醒之后，你也是站着发呆，直到救护车开到门口，才稍稍清醒。

最近我与你同学的家长谈到这个问题，她居然也有同感，并说从多年的观察中发现，十几岁的大孩子常是用这种方法来放松自己。她说现代社会和学校的压力太大了，孩子受不了，不得不用这种让脑海空白的方法，使自己能获得暂时的松弛。

我同意她的观点，但认为更好的说法应该是：当一个过去处处都由父母安排的孩子，逐渐得完全面对他自己的世界时，往往就会有这种表现。实在讲，那是逃避，所幸他们在暂时的逃避之后，多半能再站起来，面对眼前的问题。

但是如果一个年轻人不断地逃避，或总是以这种发愣的方式面对问题，等着别人解决，或让事情自然过去，装作与自己无关，会怎么样呢？我可以告诉你，这种人很多！甚至成年人，已经进入社会相当长时间的人，也可能有这样的表现——那就是沮丧和抑郁症。

有一位患抑郁症的朋友对我说，当他不得不打电话给某人时，却又往往希望某人不在。他是既不得不面对问题，却又不敢面对问题，他整天躺在床上，用棉被蒙着头，缩作一团。

那棉被是什么？

是鸵鸟用来藏头的沙土！也是婴儿母亲的怀抱！

孩子们遇到困难时，总会躲进母亲的怀抱。在我们成年之后，虽然知道母亲并不能再为我们解决所有的问题，却在潜意识里仍然存留着那种逃避和寻找安慰的想法。因为它是最原始的反应，在我们童年的记忆中，也是最有效的。

就因此，成年人还总是叫"我的妈啊！"许多长得高头大马的青年，甚至花了发的中年人，也可能躲在母亲怀里痛哭。

问题是，母亲不在，怎么办？

他便用棉被蒙起头来，或是躲在角落里发愣！

所以当我发现你有发愣的习惯时，一个想法是：那很自然！每个年轻人，在成长的过程中，都会这样，是为他下一刻的战斗积存力量。另一个想法则是：这是很重要的时刻，我必须教他如何减少逃避的想法，立即进入现实，因为这个充满竞争的世界，是不等人的。

记得你小时候玩耍时，常说"play opossum"吗？意思是装死，因为负鼠这种小动物，遇到强敌时就会装死。

相信你也看过许多昆虫，在被人抓到之后，会立刻仰面翻倒，一动也不动。

你更应该读过两个人遇到狗熊的寓言故事，逃不掉的人躺在地上装死，而没有被狗熊攻击。

你觉得这些装死的行为是不是很聪明呢？我可以肯定地告诉你，那不但不聪明，而且是最危险的，因为它们以放弃的方式面对困难，便连抵抗的机会都没有了。

每年在美国的高速公路上，不知有多少鹿被车撞死。一般街道上，也总有猫和鸽子被碾得稀烂。你知道是为什么吗？因为它们在夜晚看到强光时，常会发呆地站在原地，不知逃跑，所以尽管有最长而善跑的腿、最佳的弹性和最强的飞行能力，却遭遇了悲惨的命运。

由此可知，并不是任何情况都允许你做暂时的逃避与停驻，不论你有多么强，面对紧急状况时，都必须立刻武装、立即回应、主动出击！

最困苦的时候，没有时间去流泪；最危急的情况，没有时间去迟疑。

在未来的岁月，希望每当你犹豫彷徨，面对压力而不知所措时，都能想起这几句话，把自己抓回现实，迎向战斗！

选自刘墉先生作品《创造自己》

你自己决定吧

做主也是对自己的行为负完全的责任，甚至对别人负责！

为了搬家收拾东西，我最近真是忙得昏天黑地，可是每次问你准备得怎样了，你都好整以暇地说："不急嘛！两三下就可以弄好了。"

直到今天，距搬家公司来运东西只剩两天的时间，你才开始拿纸箱到卧室，却又不断来问："怎么封箱底？""不要的书是否要送给图书馆？""胶带没了怎么办？""前一年的笔记本要不要保留？""淘汰的书是不是扔进垃圾袋？"

这时我给的答案都是同一句："你自己决定吧！"

你应该很高兴听到这句话，记得我小时候第一次听见你祖母对我说"你自己决定吧"有一种莫名的兴奋，就像听见"王妈妈送的压岁钱，你可以留着自己用"一样地想要跳起来，因为那表示我可以做主了！

做主是多么棒的事！

做主是不必凡事去请示，做主是能按照自己想做的方式去做，做主是拥有支配的权利，做主是不必再听别人使唤。但记住：做主也是对自己的行为负完全的责任，甚至对别人负责！因为个人的行为会影响别人，当然自己做主，也就要考虑对别人的影响。譬如我是一家之主，听起来很有权威，却也要对一家人负责；譬如你母亲是入学部的主任，也是主，便要对她的整个部门负责。

于是这做主就变得不轻松了！

今天，我就要你做主，做你收拾自己东西的主！你可以对自己的东西操生杀大权，留？不留？带到新家，抑或丢进垃圾袋？全在你的一念之间！

当然，相对地，你也就要考虑怎样去芜存菁！或在抛弃一样不该抛弃的东西之后，接受它所造成的损失！尤其麻烦的是，过去你问我怎么做这个，怎么做那个，我都一一解说，今天却要你自己解决。

你说没有封箱的宽胶带，我说我有一卷，但是自己正在用，无法分给你，请你自己解决！

你可以翻箱倒柜地找、去邻居家借、请已经能开车的同学载你去买，也可以冒着雨，走路到一千米外的小店。

但！请不要问我"该怎么办？"

今天是你自己看着办！

不要觉得我冷酷，因为你已经到了应该自己对自己负责的年龄。你的书不是我的书，我无法为你取舍；你的纸箱也不是我的纸箱，我自己都分身乏术。最重要的是：你不是我，更不是我的影子，我不能为你做主一辈子！

记得我上成功岭的时候，长官曾说过一段话——"打仗的时候，上面只要求你几点几分攻下目标，而不问你的人是不是过度疲劳，不可能赶这么快！也不问你的火力够不够、粮食足不足，因为他们考虑的是全盘战况，无法一一照顾你的需要。总之，你生、你死，是你自己的事！在几点几分攻下那个据点，则是你无法逃避的责任。"

是的，责任常常无法逃避。一个成熟的人，必定是能从头到尾负责的人。因为他知道，责任是一环扣着一环的，班长无法达成排长交下的任务，排长没法达成连长交下的任务，这样一层层推上去，只要下面的人不能完成使命，上面的目标也就无法达成。而战争是关系国家安危、人民死生的，岂能有人不负责？失职的人又怎能不接受最严厉的惩罚呢？

回过头来，虽然搬家不是打仗，但是当搬家公司的车子到达时，如果你还没有整理好东西，我们全家的行动不都要受影响吗？

而隔天，买我们房子的人就要迁入，他们原先住的房子，也可能有急着搬进去的新屋主，这不也是一环扣着一环吗？

说了这一大堆，还是那句老话：

"你自己决定吧！"

选自刘墉先生作品《肯定自己》

一句话让你成功

有些菜要大火快炒，有些菜得文火慢煨；
有些话要开门见山，有些话要拨云见日。

"秦小姐好！"小康堆上一脸笑，"王总来了吧？对不起，我提早到了。噢！对了！我叫工厂送样品过来。"小康东张西望地说："是不是还没送到啊？"

秦小姐摇摇头。

"什么？还没送到？唉！他们老是拖。"小康立刻拨手机，才拨两下，看小廖进来了，立刻停止动作。

"小廖居然也来抢这生意，"小康心想，"他跟我从同一个地方进货，麻烦了，他报价会不会比我低？"虽然心里这样想，表面还是堆一脸笑，跟小廖握了个手。

小廖的手又湿又滑，他也去向秦小姐示好："秦小姐好！"然后也一样小声问秦小姐："请问我那样品送到没有？"

秦小姐也照样摇了摇头。

就在这时候，门开了，王总走了出来，居然没叫两个人进去，只是匆匆忙忙地说：

"你们推销离心果汁机，有没有附加切菜功能的那种？"

"有有有！"小廖和小康一起答。

"那就现在拿一台来看看，我急需。"王总说完，居然又进去了。

小康反应快，一个箭步，跳出门去，躲在一角拨手机："喂，我是小康啊！我要你们出的那台机器送来了吗？什么？出来了？你们不是总拖吗？怎么今天那么快？麻烦你们再出一趟车送一个 A3 型过来，拜托！拜托！"

小廖在会客室里也没闲着，他向秦小姐借了电话：

"喂，我是小廖，我急着要补一个 A3 型切菜机，如果来得及，你们跟离心机一起送过来好不好？"

两个人拨完电话，都继续在会客室里等。

突然电话响，秦小姐进去几秒钟，便见王总穿得整整齐齐地冲出办公室。

又过几分钟，进来七八个洋人，看王总的样子，必定都是大客户。

王总的办公室门关上，接着又打开。王总探出头来，低声吼："切菜机和离心机呢？"

"立刻到！立刻到！"小康和小廖趋前报告。

果然，正说呢！东西就送到了。三个大箱子抬了进来。

"康先生一台离心机，廖先生一台离心机，加上后来追加的切菜机。"送货员说，"请签收。"

好好说话

你猜，这笔大生意，小康做成了，还是小廖做成了？

当然是小廖。

可是你想通了吗？同一个送货员，同一辆车，由同一个公司出的货，两个人又在同一时间打电话，要求加送一件。

为什么小廖的赶上了，小康的没赶上呢？

如果你是商场老鸟，一定早知道答案了——因为他们说话的方式。

当一个公司送货总是迟、总是慢，总挨你骂的时候，有一天，你居然盼望他还没出发，希望他加送一件东西的时候，千万别一开口就问："东西送出来了吗？"

当你这样问的时候，明明东西还没出门，他怕你骂，也会说："走了！走了！"

这时候，你要他加一件，他好意思改口说"正巧，还没走"吗？

但是，当你换个说法："我急着要加一件，如果你东西还没出门就好极了。"对方则可能说："真巧！车子正发动，我叫他等一下。"

于是，你赶上了。

当你又要迟到的时候

换个角度。如果以前约会，你总迟到，今天你又要迟十五分钟，为了怕对方着急，你打电话过去，说话的技巧也很重要。

假使你电话一接通，就说："对不起，我今天要迟一点。"

你猜对方会怎么反应？由于他已经很痛恨你过去迟到，所以八成会立刻冒火："怎么搞的？又迟到！你不是说这次会准时吗？"

但是当你换个方式，说："老张啊！我准三点一刻到，堵车，稍迟十五分钟。"

他一听，只迟十五分钟，则可能高高兴兴地说："好！我等你。"

当你只考六十分

又比如，你是个学生。

今天考数学，考了六十分，你回家要怎么说？

如果你开门见山："爸爸！我数学考六十分。"

搞不好，啪一声，一记耳光过来。

但假使你拐个弯说：

"今天数学考试好难哟，多半的人都不及格，连向来第一名的王大毛都只考六十五分。"你老爸问："那你考几分？"

"刚好及格，六十分。"

相信，那一巴掌绝不会过来，老爸当天如果情绪好，还能赞美你两句呢！

当场砸了宝贝

一个女学生上课时对老师说："我昨天打破了我爸爸的古董茶壶。"

"你父亲有没有很生气？"老师问她。

"没有耶！我对他说：'爸爸！我给您泡茶，泡了这么多年，都很小心，可是今天不晓得怎么搞的，把茶壶打破了。'"女学生说，"我爸爸先一怔，然后笑笑，故作没事地说：'破了就破了，东西总会破的，改天再买一个新的吧！'"

她这话，全班都听到了。

无巧不巧，隔几天，另外一个女学生也为她爸爸泡了好几年的茶，也打破了古董茶壶。

　　她想起前面女学生说的话，照样去向她父亲报告，却被臭骂一顿。原因是，她把同样的话，换了个前后的次序说出来——"爸爸！我打破了茶壶。"她战战兢兢地报告。

　　"什么？把茶壶打破了？那是古董耶！"老爸脸色大变。

　　"爸爸！可是我今天不晓得怎么搞的……"她解释。

　　"你心不在焉！粗心！"

　　"可是，我给您泡茶，泡了这么多年……"
她又解释。

　　"你还强辩？"老爸吼了起来。

坏话要缓说

　　好！现在让我们回头看前面的四个故事——

　　"你们送货车出来了吗？"

　　"我今天要迟到。"

　　"我数学考六十分。"

　　"我把茶壶打破了。"

　　这些都是他们说话的重点。如果是"播报新闻"或开会，这些重点都必须先说。但是在某些特殊的情况，为了减少"冲击"，却不得不后说。

　　也可以讲，令人敏感的结果，最好不要单刀直入，你可以先"设定底线"，使对方知道糟也糟不到哪里去；或者经过"对比"，使那原本听来很突兀的结果，显得不那么刺耳。

　　当然，还有许多情况，需要你先隐藏谈话的目的，一点一点，制造气氛，引导对方进入你的主题。

选自刘墉先生作品《说话的魅力》

Chapter ❸

懂得爱学会爱

施与人，但不要使对方有受施的感觉，帮助人，但给予对方最高的尊重。这是助人的艺术，也是仁爱的情操。

不怨不悔不回头

人生是一条不归路，走上去，就回不了头。

过了就过了、成了就成了，做了已经做了、错了已经错了。

"过去我很爱我母亲，但是现在不一样了。"一个女学生对我说，"我也不是不爱她，而是瞧不起她。"

我一惊："为什么？"

"我最近交了一个很有钱的男朋友，马上医学院毕业。我妈兴奋得不得了，逢人就说。我气死了！何必呢？八字没一撇，宣传什么？还有一点，我看不上的，是以前我夜里十一点回家，我妈就要骂，现在不同了，十二点回家，她还嫌早，东问西问地，一副希望我再晚一点回来的样子，说得难听点，简直希望我跟人家上床嘛！"撇了撇嘴角，"我尤其不能忍受的，是她每次一边赞赏那男生多好、多有前途，一边说她自己多笨，嫁给像我爸爸那样的人。有时候就当着我爸爸的面骂，何必呢？"她十分气愤地说："有一次，我顶回去，对我妈说：'妈！干脆你嫁给这男生好了！'"

"你这也太没礼貌了。"我说她。

"老师，您别以为我妈会生气，她才没气呢！她还笑笑，做出一副很撒娇恶心的样子说：'要是我再年轻二十年啊，我就嫁！'"

开同学会，我说："某某人为什么没来？"

"这你都不知道？"一个女生说，"我来了，她就不会来。"

"你们不高兴？"

"不高兴了二十多年。"她笑笑，"都怪我给她做媒，把我表哥介绍给她，我也没非叫她嫁，是她穷追猛打，硬嫁给我表哥。"

"这不是很好吗？她该谢谢你这位媒人哪！"我说。

"才不好呢！我表哥家里穷，他刚毕业那阵子，找工作又不顺利，后来到一个公家机关，挂名做工友，一步一步混到今天。"

"今天很惨？"我问。

"才不惨呢！他后来出去做生意，这两年发死了。"

"那么她更该谢你了啊！"

"我原来也这么想，有一天还主动打电话给她，她居然狠狠回我一句：'你不知道我恨你吗？介绍那个浑蛋给我，害我年轻时候，丢足了脸、吃足了苦。'"

到朋友家去，看那女主人正一勺一勺喂孩子吃饭。五六岁的男孩，皮得很，吃两口就跑开。做妈妈的就一路追，甚至追到桌子底下，把勺子伸过去喂。

一边喂、一边喘气，还一边不停地骂：

"你啊！真是不知福，有这么好吃的，一口一口喂你，还不吃，想想你妈小时候，哪有人喂，连东西都没的吃。"她的老母亲正坐在旁边，有点不高兴地说：

"当着客人，你说话可得凭良心哟！你没东西吃，又怎么长大的？还长得这么高。"

女主人跪在桌子底下，回过头：

"吃泥巴长大的！"又爬出来，坐在地板上，红着脸说，"你怎么不想想，以前每次爸爸下班，你们都先吃，让我和妹妹在外面跑，根本不管我们。等跑回家，弟弟都吃完了，也没给我们留，盘子里空空的，只有菜汤。"转过身，继续喂孩子，换成温温柔柔的口气，对孩子说："还是你命好，连妈都羡慕你，要是妈能生在你这家里，该多好！"

在杂货铺里遇到个熟人，正带着她八十岁的老母买东西。

"买什么啊？"我问老太太。

"甭提了！"那朋友先答了话，"我妈在买乐透奖的彩券。"

果然就见那老太太拿着笔，一格一格地圈选她要的数字。

"您这么大年岁，还想发财呀？"我笑着对老太太说。

"谁不想发财？我当然也想发财。"老太太转身，一副理直气壮的样子，"发财买点我爱吃的、爱穿的。"

她身边的女儿很不高兴地插话："妈，您缺什么啦？"

"我缺钱！我缺钱！这辈子都缺钱。"老太太没好气地拿起拐杖往前走，"儿女有钱是儿女的。我穷了一辈子，到老，心不甘。"

带着尴尬的笑，看着那对母女，好像还一路斗嘴的背影，也让我想起我的母亲。

八十九岁了，每次提到台北，她还总是说："真后悔，要是当年南京东路的房子不卖，现在要值多少钱哪！"

每个人的一生，都会有怨。怨年轻时，美丽的衣服没能好好展示几回，就换上厨房的围裙，一换换几十年。

怨年轻时的婀娜身材，没在舞池上走过几步，就走进一个男人的怀里，为他生一堆儿女，变成了水桶腰。

怨少年时的梦想，先被联考给杀掉了半边，又被婚姻杀掉了半边，到老了，有了钱、有了闲，却没了梦。

只是，每个人不是都这样活过来了吗？曾经爱过、恨过、拥抱过、挣扎过。从蹲在地上扇火、点煤球炉子，到今天用煤气、电磁炉、微波炉和烤箱。

艰苦的岁月，随着经济的起飞，而沉在时代的深处。何不让那深处的记忆，就这样淡淡远去？看着孩子，能在自己打拼之后，不再遭遇辛苦的日子，何不好好感恩？

人生是一条不归路，走上去，就回不了头。

过了就过了、成了就成了，做了已经做了、错了已经错了。

这是我们的生命，何必怨？何必悔？何必回头？

选自刘墉先生作品《寻找一个有苦难的天堂》

坐在时光上

当你要别人尊重你的时间之前，你先得尊重别人的时间，
而当你不守时，不仅是你自己的问题，也将连带地造成别人不守时。

让我说几个真实的故事——

梁实秋的幽默

二十多年前，当旅居海外十几年的名作家梁实秋刚回到台北的时候，朋友们一个接一个地请他吃饭。

梁实秋是有名的"早起早睡的人"，晚上八点睡觉，天不亮，四点就起来写作。偏偏那些朋友都是夜猫子，每天请他深夜十二点吃消夜。

梁实秋连吃几顿，受不了了，想出个好法子，对大家宣布："谁请我吃消夜，我就回请他吃早点。"

一班老朋友全怔了，你看看我，我看看你，笑起来，从此再也没人敢请梁实秋吃消夜。

"随时恭候"与"准时候驾"

有位美国朋友,想找中国台湾的印刷厂帮他印一批东西,又听说印刷厂的生意多,有季节性,常会拖工,不按时交件,于是请我介绍几家可靠的。

"我也没把握。"我写了三个厂家的名字给他,说,"你还是自己观察吧!"

不久,他回美国,已经找到合作的伙伴。我好奇地问他:"你才去这么几天,怎么就决定了呢?"

"这简单!"他笑笑,"其中两家都在电话里对我说'随时恭候',只有一家,先要我等他查本子,再对我说'下午三点十五分'。附带加一句'不知道谈到四点钟,时间够不够?不够可以另外约'。我就决定了那一家。"

不准时下课的老师

我在美国大学教书的第一学期结束,为了解学生们的想法,特别跟学生讨论,请大家对我提出批评。

"教授,你教得很好,也很酷。"有个学生说。他停了一下,又笑笑:"唯一不酷的是,你常在每堂课一开始时等那些迟到的同学,又常在下课时延长时间。"

我一惊,不解地问他:"你不是也曾经迟几分钟进来吗?我是好心地等。至于延长时间,是我卖力,希望多教你们一点,有什么不对呢?"

居然全体学生都叫了起来:"不对!"

然后有个学生补充说："谁迟到，是他不尊重别人的时间，你当然不必尊重他；至于下课，我们知道你是好心，要多教一点，可是我们下面还有其他的事，你这样一延，就造成我们迟到。"

尊重别人的时间

以上三个故事，给了我们什么启示？

它告诉我们——

当你要别人尊重你的时间之前，你先得尊重别人的时间，而当你不守时，不仅是你自己的问题，也将连带造成别人的不守时。

只有尊重别人时间，也掌握自己时间的人，才能得到别人的尊重。

旅美近二十年，我也渐渐学会对时间的尊重。

我知道跟别人有约，如果是晚上七点，最好准七点到达，即使抓不准，宁可晚一点，也不能因为提早半小时到，就擅自敲门进去。

道理很简单，说不定他还在铺桌布、扫地或洗澡，你早到，会使他手足无措，比迟到还失礼。

所以当我开派对的时候，常见门前停满车子，每辆车里都坐着朋友，大家全不下来，直到时间到，才一起下车，按铃进来。

尊重自己的时间

我也学会了怎样用尊重对方时间的方法，来要求对方尊重我。

譬如有个裱画店，以"拖"闻名。我去裱画之前，一定先打电话预约，说我几点几分到。届时，一分不差地到达，再约好某日几点几分去取件。

事先还拨个电话，重复一遍取件的时间。他居然对我从来都准时交件。

"进一步"掌握时间

我更学会了以主动的方式，进一步掌握时间。

譬如有一次，我应某大学的邀请晚上七点去演讲。

"你们演讲厅距校门口，走路要多少时间？"我问邀请的学生。

"三四分钟。"学生有点不解地回答。

"那好！我六点五十二分到你们校门口。"我说。

学生露出诧异的表情："刘老师，我们那边会很塞车哟！尤其是六点多下班的时候，您最好能早点到。"

"你们放心。"我笑笑。

到了那一天，我下午四点多就坐车去学校的附近，找了一家幽雅的西餐厅，喝咖啡，看书，还把办公室的资料带去处理，然后吃完晚餐，一边看着表，一边喝茶。

六点四十八分，我起身结账，五十分走出餐厅，看见街对面校门口的学生代表，正抱着花，伸着脖子，好像心急如焚地等待。

看到我，他叫了起来："老师，你怎么飞来的？那么准！"

他的眼神，又紧张，又疑惑，又兴奋，我永远不会忘。

选自刘墉先生作品《攀上心中的巅峰》

最真实的友爱

有人认为那两只手表示握手，我则认为它们朝同一个方向，
表示二人合作，朝着同一个方向使力。那不正是朋友吗？

有两对夫妻结伴去野外露营，到了目的地，却为点小事不高兴。

其中一对，第二天天刚亮，也没知会朋友一声，就开车回家了。
半路因为下雨积水，轮子陷在泥坑里出不来，太太在车里猛踩油门，
丈夫下车拼命推，还是没办法。突然间，车子动了，开出泥坑，原来
在丈夫的一双手旁边，又多出两双手，是他朋友夫妻的手。接着，两
家人掉转车头，又高高兴兴地去露营了。

这是我在女儿很小的时候讲给她听的，为的是教她中文字，是一
只右手旁边多出一只右手。这还是由"象形"组成的"会意字"，大
家可能一时猜不出来，是隶书和楷书的"友"。

有人认为那两只手表示握手，我则认为它们朝同一个方向，表示
二人合作，朝着同一个方向使力，那不正是朋友吗？朋友是要彼此帮
助的，我很小的时候就感觉朋友真有用。那时候我和一个同学，每天
坐公共汽车上学，当时台北的车况、路况都不好，我们常没有座位。
同学的个儿小，连拉车上的拉环都吃力，于是我试验一种方法，就是
一个人正站着，一人侧站着，再紧紧抓住彼此的手，当车子左右摇的
时候，侧站着的人可以稳住，当车子前后动的时候，正着站的人有力

量。只因两个人这样，居然能一路扶持、不抓任何东西都不绊倒。

朋友也曾救过我的命。我十五六岁时报名参加登山队，去台北近郊的"娃娃谷"。那里有个瀑布，大家一起顺旁边小路爬到瀑布上方。可是沿着原路下来的时候，我看见瀑布旁边大树上有一根铁丝，正好垂到下面路边的岩石上。想抄近路（当然也有"秀"的意思！）就拉着铁丝往下垂降。没想到因为紧张，手出汗，铁丝又细，手抓不住，一直往下溜，眼看要坠落下面的山涧，幸亏铁丝最尖端有个被弯起来的地方，才止住。问题是，虽然不远就是山崖边上的岩石，我一只脚可以够得着，但我不敢够，怕一动，手就可能滑开，重心不稳，非掉下去不可。就在这生死一线的时刻，有位不认识的登山队员默不作声，一只脚横着伸出，踩在旁边的岩壁上，让我用脚钩住他的腿，跳到那块突出的大石头上。惊魂甫定，我居然忘了谢谢他，也不知道他的名字。但是到今天，我总想起他，没有他，今天这个世界上八成不会有我。而且由这件事我知道，每个陌生人都可能是贵人。

在人生的旅途中，父母不会总在身边，真正帮助我们的，很可能是紧要关头在身边的朋友。我甚至觉得，"君臣、父子、夫妇、兄弟、朋友"五伦当中，朋友更特殊、更珍贵。舍开封建的"君臣"不谈，父子、兄弟都是血亲，夫妇是另一半，命运的共同体，更没话说。只有朋友没亲属关系，如果排除"利"的关系，还能彼此关怀、彼此帮助，不是更崇高吗？凭什么在这茫茫人海，原先八竿子打不着，既没爱情又没利益纠葛的这个人，能如此亲近？这是多么珍贵的缘啊！

孔子说得好，"君子喻于义，小人喻于利"。朋友之间可能起初有利害关系，但是既然深交，就该超乎"利"。甚至一个十足的小人，可以因为跟你是好朋友，而对你表现出义与善，是君子！而且越是不被欢迎的人，当你对他好，你越可能成为他唯一的好朋友。

　　我有个朋友，结过几次婚，有一次我参加他的婚礼，他的姐姐居然过来问我，为什么到今天还做他的朋友？当时我反问她："为什么我不做他的朋友？他可能对别人不好，对他前任太太和女朋友不好，甚至对亲兄弟姐妹都不怎么样，但是他对我好，从来没对我不好过。"

　　可能我这么认为是不对的，因为他也有亏欠我的地方。只是，我说他两句，就算了。朋友嘛，我欣赏他的优点，也接受他的缺点。正因如此，孔子会说"益者三友"，是友直，友谅，友多闻。那个"谅"，是体谅与宽容。一个人不体谅、不宽容，甚至不牺牲，怎么可能交到好朋友？好朋友常有相互的亏欠，有亏欠，还能不分手，更显示友谊经得起考验。至于"友直"，也很重要，一个人可以对外人圆滑，但是对朋友一定要直，见到朋友的缺点，一定得说。而忠言逆耳，说的不一定好听，被说的人就得"谅"解，知道朋友苦口婆心，为自己好。很多事情，父母见不到，夫妻见不到，反而朋友比较客观，能看得出来，"友直"因此更加重要。

　　至于"友多闻"也是益友的条件之一。所谓"独学而无友，则孤陋而寡闻"。朋友多等于自己的接触面广，西方有一句话"six degrees of separation"，意思是这世界上天南地北的两个人，只要通过六个朋友，一个介绍一个，就能找到彼此。你说，朋友多，不是能使我们掌握全世界吗？

　　这里，我也要告诫各位年轻朋友：交朋友还是要选择的，不是说要"无友不如己者"，每个朋友都得比自己强才交，而是如我前面说的，当一个人对别人都不够朋友，只对你好的时候，你固然可以和他交往，却要想想，他对你的好，会不会是他对别人不好才有的。他去骗别人钱给你花，他好像对你够朋友，却可能陷你于不义。碰到这种情况，你要"友直"，直直地劝他。屡劝不听，你则要想想孔子说的"君子和而不同"以及"择其善者而从之，其不善者而改之"。他不好，你一方面要自己检讨，别跟他犯同样的错，一方面要设法改变他，使他改过向善。如果还不成，就"道不同不相为谋"了。

什么是"道不同"？举个例子，今天你的志向是往东，他偏偏往西。今天你应该努力、用功，追求更高的理想，他却每天影响你，说："何必那么辛苦？你瞧，跟我一样多好！"

当你发觉无法改变他，他却可能影响你的脚步、使你沉沦的时候，是道不同，也是你该做抉择的时候。我不是教你对不起朋友，而是教你坚持自己的理想，暂时离开他，两个人各自发展。换个角度想，有一天你成功，不是更能帮助他吗？

选自刘墉先生作品《世说心语·成功篇》

总是爱漂泊

> 离家真好！回家真好！
>
> 能离开家，才显示年轻；
>
> 有家可回，才显示幸福。

少年

开了六个小时的车，去纽约深山探视上音乐营的女儿，从车上抬下一包包卤味，塞进宿舍公用的冰箱。

"营里东西做得奇难吃。"太太说，"又不敢多带，因为冰箱太老旧，不够冷。"

走进女儿房间，地板吱吱呀呀地响，那是以前农场鸡舍改装的，连个柜子也没有，更不用说冷气了，才进去一下，我已经满身大汗，还有——暗暗的心酸。

利用周末假期，带女儿到离营一个小时车程的风景胜地镜湖，住在希尔顿，连着吃了两顿大餐，补偿她在营里总吃不饱的遗憾，又带她上街逛逛，问她要买点什么。

女儿都摇头，却盯着店里一个个小纪念品看，突然见她蹲了下去，接着妈妈递给她张面纸。

"眼睛出问题了吗？"我问。

妈妈使了个眼色，张嘴没出声地对我说："哭了！"

回旅馆的路上，我拍拍女儿："既然营期已经过了一半，有不少收获了，舍不得爸爸妈妈，就提前离营，跟我们回去吧。"

却见小丫头一扭头："No！"

宴会上遇到一对多年不见的朋友。

"我们现在是空巢期了，所以又常出来应酬。"那太太说，"三个孩子，白养了，全去了西岸，一个念加大，一个念斯坦福，还有一个在好莱坞打工。都怪我太惯、太宠他们了。"

"你太宠他们，他们应该离不开啊！"我说，"怎么一下子跑那么远呢？"

"笑话！"朋友笑了起来，"你没注意吗？越是宠小孩，把他们照顾得无微不至的，那小孩跑得越远，是他们不得不跑，否则长不大。"

儿子打越洋电话："爸爸，你一定要看迪士尼的《海底总动员》，很好看。"

于是租了光碟回家。电影演一只小丑鱼的单亲爸爸和他的孩子，孩子去上学，不小心落入渔人的网里，进了人家的鱼缸。鱼爸爸九死一生，终于找到孩子，救出娃娃。

印象最深的，是影片结尾，孩子好不容易回到家，可是仍然要去上学，已经跟着老师和同学游远了，又突然转身游到爸爸身边，抱抱爸爸，再一扭头，追上那群同学……

我一边看一边想，儿子叫我看这卡通片，有什么特别的意思吗？

中年

由台北回纽约，旁边坐了个大胖子，从上飞机就一直睡，近纽约总算醒了，伸了个懒腰，碰到我的肩膀，对我说了声抱歉。

"睡得好！"我应付他一句。

"好！好！"隔了五秒钟，他转头看我，冷不防地问，"你旅行刚睡醒的时候，有什么感觉？"

我笑："有抑郁。"

"什么？"他霍地坐直了，"你也抑郁？"

"当然，人在漂泊，当然有乡愁。"

"我们一样，我总抑郁。"他叹口气，"想到家，想到老婆孩子，还有我的两匹马。"顿了顿："你知道骑马可以放松紧张吗？因为马是牲口，你得处处小心，免得受伤，一注意骑马，就不会想别的事了。所以我一年到头在外面，常想着回去骑马。"

"那你为什么总旅行，不多待在家里呢？"我问。

他突然哈哈哈地笑了："待在家里？那就老了！"

一批中国工人，在伊拉克被恐怖分子掳去，如果是美国人，早砍了头，所幸中国没有派兵赴伊，所以经过交涉，工人全被释放。

电视上访问了那些人。细节记不清了，只记得其中一个年轻人说的——"村子里大家都出去了，我怎能不走？不走会叫人瞧不起的；不走你叫我在村子里怎么抬头？"

到图书馆借了几本浮世绘的书，正好登记的馆员是日本人，就笑着对他说：

"听说以前日本男人都爱外出旅行，又不带太太，所以会沿途买些像《东海道五十三次》这样的风景浮世绘回去给老婆孩子看，你们日本男人，真是大男人啊！"

却见他一笑："这有什么稀奇？现在日本男人下班之后就算没事，也常要先去酒馆喝两杯——急着回去搂老婆，会让邻居笑的。"又指指我借的书，"看这上面有多少浪人，你不知日本文化有着流浪的情怀吗？你没看过村上春树最近出的《海边的卡夫卡》吗？那男主角在家好好的，为什么离家？离开家的男人才能找到自己啊！"

我耸耸肩："我只知道海明威十九岁不顾他老爸的反对，去了意大利的战场。"

老年

在纽约参加老友何平南夫妇的欢送会。

他十五年前娶了夏台凤之后，一下子年轻了十岁，处处社交圈，都见到他们夫妻的身影，听到台凤的歌，还有平南的荤笑话。当天欢送会的宾客，把喜来登的宴会大厅挤满了，桌子甚至摆到了门外。

夏台凤先致谢词，说她原以为将要终老纽约，不必再漂泊了，没想到老了老了，还要远行，说完流下两行泪。

接着是何平南说话，十分豪爽，也非常简单——

"我是在南京下的种，台湾扎的根，纽约生的干，现在到上海去结果，一个地方待久了，要动一动，不动就老了。"

去年夏天回台北探望林玉山老师。

老人穿着睡衣跟我聊天，虽然近年消瘦了些，腿也不太方便，但脸色依然红润，皮肤也还是那么光滑，好像连皱纹都不见了几条。

"看起来年轻，但毕竟老了，画也画不动了。"林老师笑道，"人老了，什么都迟钝，如果天天待在家里，不容易有感动，所以总要旅行。出去，看到新鲜东西、新鲜风景，才有灵感。现在腿不好，不能出去旅行，画当然少了。"

看香港亚洲电视的影集《寻找他乡的故事》，制作单位到世界各个角落，采访那些被遗忘的华人。

在乌克兰基辅的火车站前，看到穿着西装戴着墨镜的陈包强，淡淡而又深深地说，苏联解体之后，乌克兰的经济恶化，失业率达到百分之五十以上，他过得好辛苦。

记者问他为何不回祖国，六十五岁的陈包强摇摇头："回祖国，我不想，往前走，没有钱。"可是才过一会儿，他又笑笑，"我想往前走，不想回去。我第一次流浪是在六十年代的祖国，第二次流浪是由苏联到乌克兰，真的要第三次流浪吗？我想还是会流浪一次吧！"

小时候上自然课，课本上说动物迁徙，是为了觅食、为了寻偶。于是我想，人类爱远行，是为了谋职创业和寻找爱侣。

可不是嘛！原本黏着父母的孩子，到了青春期，就一下子变了个人，不再与父母同行，甚至当父母开心时，露出一副厌恶的表情。

然后，他们上大学、进社会，离开了家，而且常不知原因地搬到远远的地方，好像躲得越远越好。

他们找到了工作，找到了伴侣，有了那个属于他们的小小的窝。许多人就此安定了，不再漂泊，不再旁骛，不再远眺，朝九晚五地匆匆去、匆匆回。恋着家、黏着家，终此一生。

也有些人，总要换工作，总要远行，总伸长了脖子，想看路尽头的风景。他们不再为了逃避父母，也不再为了寻偶觅职，心中就是有一种声音、一种力量，推着他们再一次跨出步子。于是那做丈夫的，把妻子带到东、带到西。直到有一天走不动了，不好奇了，终于睡成大地的一部分。

想起飞机上邻座胖子的话——

"骑马就不同于开车，当你牵出马，你可以感觉到它有多高兴，多想往外跑。于是你骑上它，两颗'想跑'的心结合在一块儿；跑累了，你往回骑，也感觉那马想回马厩了，两颗'归心'又结合在一块儿回家。"

离家真好！回家真好！能离开家，才显示年轻；有家可回，才显示幸福。

选自刘墉先生作品《爱的密码》

美丽的结束

> 由年少轻狂时的"只要我好"，到恋爱激情时的"只要你好"，
> 到拖家带眷的"只要他们好"。到有一天，把自己完全地遗忘。

岳父大人自五年前去过迪士尼乐园，似乎就跟那里结了仇，一提到就火大："没意思！热！又全是骗小孩的玩意儿！"

于是，当我去年底提到今年春天再去迪士尼，老人家想都没想，就一挥手："你们去！我看家！"

我没吭气，口头上虽不再强邀，私底下却仍然在安排。又找了个不下雪的日子，带老岳父去电器行，买了架最新式的摄影机。

"以前都是我用机器拍，镜头里只有你们，没有我。"我把机器交给老人家，"现在这一架，后面有个三英寸屏幕，您眼睛虽然不好，也看得清楚。以后机器给您，由您掌镜，里头就有我了。"

老人先还推辞，听我这么说，才高兴地收下。

从那天开始，便见他提进提出，四处找画面。有时我跟女儿玩，突然发现角落里有个人影，原来老岳父正在偷偷拍摄呢。

更妙的是，提到迪士尼，也没仇了，不但没了仇，眼睛里且闪着奇异的光彩。嘴上虽还客气说太浪费，私底下却听他跟小孙女说：

"你去迪士尼，公公给你摄影。"

果然，这七十四岁的老人家，真返老还童地成了摄影师。总见他背

着包，弓着背往前冲，然后转身举起机器，拍我们一家的画面——尤其是他的小孙女。

迪士尼的四天，一下就过去了。临走，在旅馆大厅，我问小女儿："迪士尼乐园什么地方最好玩啊？"

"米老鼠家那边的溜滑梯和电影城里可以爬上去玩的大蔬菜最好玩。"小丫头说。

一家人都愣了，没想到那么多坐车参观的"鬼屋""小飞侠"和"未来世界"，在小丫头心中，竟然都比不上她自己爬上爬下的滑梯和大蔬菜。

"爸爸，你觉得哪里最好玩呢？"小丫头回问我。想了想，我说："我觉得能带着你，又能带着公公、婆婆，还有你妈妈一起玩，最有意思。"

"公公说！公公说！"小丫头又转身喊，"公公觉得哪里最好玩？"

"公公没有玩，公公给你摄影，看你在镜头里玩，最好玩！"

"爸爸真不简单！"我对老岳父说，"这么大年岁，居然都能跑在前面。等我到您这个年纪，绝对比不上您！"

没想到小女儿又追着问："等爸爸像公公那么老，公公还要不要来玩？"

老人家一笑："那时候，公公早死了哟。"

四周的空气似乎僵住了，幸亏接我们去机场的巴士开过来。

车子很大，除了我们一家，还有另一对夫妇，一位灰白头发的老太太和一个满脸大胡子的老先生。

老太太是让老头子半扶半推，才上车的。一路上却听老太太一个劲儿地发号施令：

"把那两个玩具放进中袋子里，再把中袋子放进大袋子里，三件并一件，多方便！听话！听话！"我转身看他们，老太太朝我一笑，指着大胡子介绍："这是麦克，我的宝宝。"

我吓一跳，原来那大胡子竟是她的儿子。那么老的儿子，还要叫作宝宝？

"你们玩了几天？都玩些什么啊？"我用问话掩饰自己的惊讶。

"我们不玩，只用了三天，走走！"老太太颤一颤地点着头，"我老头子早死了，儿子也好几个孩子了。但这一次，我们谁都不带，就母子两个人。走走！走走！想想以前，我和先生牵着他来迪士尼的时候。"叹了口气，老太太突然又笑了，笑得好开心。"唉！人生如梦，我们重温旧梦。"

小时候，我们心里最重要的，就是"我要自己玩"，才有意思。

然后，我们长大了。有了朋友，有了另一半，要结伴玩，才有趣。

接着，有了孩子。年轻的父母带着孩子一起疯、一起玩，多过瘾！

最后，我们步入了中年，如果能牵个小的，带个老的，一家三代，一起出游，虽然拖拖拉拉，谁也走不快，但这种感觉，这种"成就感"就是满足。

再然后呢？

我们老了，玩不动了，只能静静地看、慢慢地走，看年轻人奔跑跳跃，小孙子、小孙女又跳又叫，我们好像进入梦境，模模糊糊的，只觉得好温馨、好泰然。

缓慢地、缓慢地，缓慢的动作、缓慢的笑。然后，像逐渐停下的电影机般，是静止的画面。看笑容静止在时空中，让记忆里的一切美好凝固。

生命真是奇妙，由年少轻狂时的"只要我好"，到恋爱激情时的"只要你好"，到拖家带眷的"只要他们好"。到有一天，把自己完全地遗忘。

那是多么美好的结束。

选自刘墉先生作品《生生世世未了缘》

放下·放空·放平·放心·放手

放，不是放弃，不是放任，不是放恣，不是放纵，不是放逐。

不曾拿起，怎么放下？不曾拥有，怎么放空？

不曾独立，怎么放平？不曾挂念，怎么放心？

不曾抓紧，怎么放手？有收才能放，有放才能收！

　　新来的小沙弥，对什么都好奇。秋天，禅院里红叶飞舞，小沙弥跑去问师父："红叶这么美，为什么会掉呢？"

　　师父一笑："因为冬天来了，树撑不住那么多叶子，只好舍。这不是'放弃'，是'放下'！"

　　冬天来了，小沙弥看见师兄们把院子里的水缸扣过来，又跑去问师父："好好的水，为什么要倒掉呢？"

　　师父笑笑："因为冬天冷，水结冰膨胀，会把缸撑破，所以要倒干净。这不是'真空'，是'放空'！"

　　大雪纷飞，厚厚的，一层又一层，积在几棵盆栽的龙柏上，师父吩咐徒弟合力把盆搬倒，让树躺下来。小和尚又不解了，急着问："龙柏好好的，为什么弄倒？"

　　师父脸一板："谁说好好的？你没见雪把柏叶都压塌了吗？再压就断了。那不是'放倒'，是'放平'，为了保护它，教它躺平休息休息，等雪霁再扶起来。"

天寒，加上全球金融危机，香油收入少多了，连小沙弥都紧张，跑去问师父怎么办。

"少你吃，少你穿了吗？"师父眼一瞪，"数数！柜里还挂了多少衣服，柴房里还堆了多少柴，仓房里还积了多少土豆？别想没有的，想想还有的；苦日子总会过去，春天总会来。你要放心。'放心'不是'不用心'，是把心安顿。"

春天果然跟着来了，大概因为冬天的雪水特别多，春花烂漫，更胜往年，前殿的香火也渐渐恢复到往日的盛况。师父要出远门了，小沙弥追到山门："师父您走了，我们怎么办？"

师父笑着挥挥手："你们能放下，放空、放平、放心，我还有什么不能放手的呢！"

选自刘墉先生作品《寻找心灵深处的感动》

今夜会不会是最后一眼

孩子！你要知道：

没有奶奶、公公和婆婆，就没有爸爸和妈妈。

今天傍晚，我们在院子里玩飞盘，奶奶坐在旁边看。突然，妈妈叫大家吃饭。

你把飞盘一扔，就冲向屋里。奶奶则拄着拐杖跟在后面。我大声把你叫住："给奶奶拉着门！"

又要你站出来，站在外面，把门拉得大大的，等奶奶走进去。你嘟着嘴说肚子好饿，又怪奶奶走得太慢，让蚊子都飞进去了。我则对你说："奶奶九十一岁了，她能自己走，已经很不简单了。"

可不是吗？这世界上有几个人能活到九十一岁？

你前几天不是还抱着你妈妈掉眼泪，说等你到了妈妈爸爸这么大，妈妈爸爸都要九十了。又说："九十岁，好多人都死了。"

那时妈妈对你说："谁让妈妈这么晚才生你呢？所以爸爸妈妈都要好好保养，活到九十岁，陪着你。"

现在，你想想！

奶奶不是也很老才生爸爸，爸爸不是好幸运，能有你奶奶陪到现在吗？

同样地，如果爸爸妈妈都活到九十岁，而且跟你一起住，你的小孩会不会嫌爸爸妈妈太老、太慢呢？

如果他们嫌，你会不会说他们？这就是今天爸爸说你的原因了。

中国人常讲"家有一老，如有一宝"。意思是家里能有个老人，就好像有了一个宝贝，因为他们能帮许多忙。

其实你小时候，就是由婆婆和奶奶带的。那时候妈妈上班，每天一早，婆婆就和奶奶把你的小床从我们的卧室推到客厅里。在那儿看着你玩耍、喂你吃东西。

只是这些你都不可能记得。这世界上许多小朋友不喜欢爷爷奶奶、公公婆婆，觉得老人家是累赘，都因为当那些小朋友被老人照顾的时候，他们还太小，记不得。

相反地，当小朋友懂事的时候，爷爷奶奶又已经太老，于是惹得儿孙讨厌。

这些老人不是太可怜了吗？

记得前年，我们带着将近九十、八十、七十的奶奶、公公和婆婆，一起到巴哈马玩的时候，你哥哥就曾经抱怨，说去那种年轻人玩的地方，带老人家，真煞风景。

他甚至等大家回船之后，又一个人跑出去逛。

可是，你有没有看到，昨天哥哥特别跑进奶奶房间，把奶奶该洗的衣服都掏了出来，抱到地下室去洗？

你又有没有注意到，奶奶一边骂哥哥，说哥哥嫌她老了、臭了，一边又显得好高兴？

老人就是这个样子。

你希望爸爸妈妈抱抱，因为拥抱使你有安全感。

老人也希望被抱抱，因为他们老了、弱了，也需要安全感。

你会撒娇，他们也会撒娇，目的是吸引人注意。

当他们知道年轻人注意他们、照顾他们的时候，也会特别高兴。或许有一天，你会跟你美国同学一样，说该把奶奶、公公和婆婆送进老人院，由政府照顾，免得一家人的幸福都被拖累。

但是你也可以这么想——当别人留不住老人的时候，我们能留住他们，照顾他们，真是我们的光荣。表示我们有"爱心"，也有"能力"照顾他们。

如果不是一家团结、和乐，又有爱心，怎么能照顾得了风烛残年的老人呢？

"风烛残年"这个成语，你大概没听过，它的意思是"老人就好像蜡烛的小火苗，在风里，随时都会熄灭"。

奶奶不正是这样吗？你不要以为她还能跟你有说有笑，甚至玩"躲猫猫"，她就能永远这样。

你很可能发现哪一天，救护车来，抬走了奶奶，你就永远见不到她了。

你有没有发现，当奶奶早早去睡觉，晚上九点多听见你弹琴。她还会起来看看你？

看着她满头白发，身上带着尿臊味，慢慢地蹭到你的钢琴前面，你好几次说她吓到你，又嫌她打扰。

但是你再想想，会不会因为奶奶心里知道，随时可能一睡不起，而希望多看你一眼呢？

她每次看你，都可能是最后一次看你，也可能是你最后一次看她啊！

孩子！你要知道：

没有奶奶、公公和婆婆，就没有爸爸和妈妈。

爸爸妈妈小时候，跟你一样，希望他们能活得长长的，陪我们。

如果你希望爸爸妈妈也能活到很老很老，你就要用你爱奶奶、公公和婆婆的行动，来证明——让爸爸妈妈知道，即使有一天我们老得不能动、老得会尿裤子，你还是会爱我们、照顾我们。

而且，你会教你自己的小孩，爱我们，如同爸爸现在教你要爱奶奶、公公和婆婆一样。

选自刘墉先生作品《做个快乐读书人》

当你心碎的时候

失恋就像出水痘，宁可早出，病情轻。

可别晚出，越大越心碎。

　　中学二年级，当我代表学校参加演讲比赛的时候，认识了我的第一个女朋友。

　　她长什么样子，读哪个学校，我早忘了。却一直记得她那一手娟秀的字。因为在比赛时我们交换了地址，成了笔友。

　　在那之前，我几乎不曾写过信，所以给她的每一封信，都是精雕细琢、咬文嚼字写成的。倒是她的信，像行云流水，那么自然。一直到今天，我成了所谓的作家，在记忆中，还觉得她的文笔比我强。

　　也记得等信的滋味。每天放学先跑去开信箱，见不到信，就用奇怪的眼光看我娘，猜是不是被她藏了起来。

　　通了一阵信，那女生给我电话，要我打去。可是当我怦怦心跳地拨通，传来的却是个凶巴巴的男声。没等我把话说完，就挂了。

　　从此，没再接到她的信，每天盼望、每天失望。虽然三十多年过去，我仍然能感到那种苦涩的、酸酸的感觉。

　　但是，当我回顾过去的半生，却发觉那位只见过一面的小女生，居然扮演着一个关键的角色。

　　因为，从那"失落"的一刻，我开始有了吟风弄月的感触。虽然因为脸皮嫩，没再写信给她，但是，我开始自己写给自己。如果问我文学创作从何时开始，我应该说："从我失恋的那一刻！"

我绝对相信失恋是可以激发潜能的。因为我不但从自己身上，更由后来教的学生身上，再证明了这件事。在美国教画的时候，我发现：如果一个日常表现平凡的学生，在作品中突然显现特别的"光彩"，一下子色彩加重了、笔触变豪放了，多半都是新谈了恋爱。

然后，教室门外开始有口哨声，有女生的高跟鞋咔咔咔响，一下子停止，却不见人进来。

然后，里面就有个坐立不安的女生或男生，在打铃时，飞快地冲出去。

然后，有了特别爱溜课的人。

然后……

突然，那学生又出现了，且画得更久、更细、更有力、更深入。

我知道他又失恋了。

如果说金钱是伤害艺术家的毒药，那么失恋绝对是伟大作品的催化剂。如果恋爱是甜蜜的葡萄，失恋很可能是使那甜蜜发酵的细菌。

甜蜜被破坏了，甘醇被酝酿了。

柴可夫斯基最著名的《罗密欧与朱丽叶》序曲，是在未婚妻黛莉希·阿朵离他而去，且嫁给另一个男人，他最痛苦时写成的。

歌德的不朽之作《少年维特的烦恼》，是在他的恋人夏绿蒂跟别人订婚之后写成的。

连乐圣贝多芬的遗物中，都出现封充满激情、愤懑与痴心的"未寄出的信"。

我常想，那位被贝多芬称为"永恒的恋人"的女子，会不会正是他一生创作的"原动力"？如果他们真结合了，还会有那许多"蕴藏着说不出的情思"的作品产生吗？

我也常想，宋代才女李清照，要不是丈夫赵明诚早早死了，再嫁的丈夫张汝舟又伤了她的心，恐怕大不了写出"人比黄花瘦"之类的闺秀之作，岂能有后来"蓬舟吹取三山去"的波澜壮阔？

记得我儿子在纽约朱丽叶音乐学院学钢琴的时候，我老觉得他的琴音中似乎少了点什么。有一天，他拍着钢琴瞪着我说："你知道吗？我的老师艾司纳讲了，我现在怎么弹也不可能弹得深入，因为我还没失恋过！"

不久之后，他果然交了要好的女朋友。每次半夜醒来，试着拿起电话，都可以听见他们的声音。

他的钢琴却弹得更差了，因为急着约会、急着打电话。他对父母的态度也时好时坏，因为他的情绪得看对方的反应。

我跟太太开始担心，不是怕他恋爱，而是怕他失恋。

倒是我的同事说得好：

"失恋就像出水痘，宁可早出，病情轻。可别晚出，越大越心碎。"

最近看报，一个二十一岁的男生跳楼死了，他那二十八岁的女朋友也追随而逝。

我就想，会不会这"失恋的水痘"，出得太晚，而心碎得厉害呢？只是，歌德、柴可夫斯基、贝多芬……这世上有多少男女，不但没被失恋击垮，反而能把那种"锥心的痛"，变作"幽幽的伤"，最后化作"美丽的哀愁"和不朽的作品。

为什么这些年轻人，却那么看不开？

人若不能学着咀嚼失恋的痛，并在悲苦中升华，就很难触及情感中最深的层次。

人若不能欣赏悲剧的美，就很难承受沉重的生命。

人生本来就以"生的喜剧"开始、"死的悲剧"结束。我们来到这个世界，所学的，就是在悲剧前面演喜剧，甚至把悲剧看成喜剧。

如果每个"心碎的人"，都能想想这个，想想"身体发肤受之父母"，想想世界多么大、天多么宽，如果每个失恋想死的人，都能停一停、想一想、忍一忍，这世界说不定会多几个贝多芬和歌德。

自从我的儿子进入大学，我就很少听他弹琴了。最近有一天，他跟我冲突了两句。我正坐着生气，却听他开始弹琴，弹的是歌剧《猫》的主题曲 *Memory*。

"你是因为知道我喜欢这首曲子，想让我高兴？还是想借音乐吐吐闷气？"我问他。

"我只是想到艾司纳老师生前的话。"他说。

许久没听他弹了，看得出，这首曲子他也好久没练了。

只是，他让我有了从没有的感动。

不知这段时间，他是不是失恋了……

选自刘墉先生作品《寻找一个有苦难的天堂》

最后一口糖西红柿

从来都是爸爸喂我吃东西，只有那一次，
我把勺子送到他微微张开的嘴里……

小时候我很爱吃糖西红柿。常看母亲把生西红柿用滚水烫了，剥下薄薄的皮，再切成小块放在碗里，加上白糖搅一搅，成为清凉可口的糖西红柿。

但是自从父亲为一碗糖西红柿责备我之后，我就再也不吃糖西红柿了。

那时父亲已经大肠癌末期回家疗养，母亲的好朋友李妈妈搬来我家帮忙照顾。有一天李妈妈做了碗糖西红柿给我，我从厨房端到客厅，坐在父亲旁边吃，问："爸爸要不要尝尝？"爸爸点点头，我就舀了一勺放进他嘴里，"好不好吃"？父亲点头。我好兴奋哟！立刻转头对着厨房大喊："李妈妈，再拿一碗糖西红柿，我爸爸要吃！"没想到已经病重、不太说话的父亲居然瞪我一眼，沉声骂："不要喊！没礼貌，我不吃！"

父亲从来只会宠我，不曾骂我，连大声说话都不曾，怎么会突然这么凶？我怔住了！噙着泪，低着头，吃完手上那碗糖西红柿。

从此我再也不吵着吃糖西红柿。

但我仍然爱西红柿，爱种西红柿，爱看西红柿的花果，也爱摸西红柿的叶子，闻它们的味道。

种西红柿是偶然开始的。

那时家里失火，烧成一片废墟，父亲死了，公家不给重建，母亲只好在院子边上盖了间草房，没几个月，高高低低的残砖破瓦间就长满杂草。有一天我把球丢进草丛，捡回来觉得身上好像有股香味，把衣服举到母亲眼前，问她是什么香。

"臭味，哪儿是香味！"

母亲对香味的感觉常跟我不同。譬如马缨丹，有股特别的辛香，母亲偏说是臭花，还叫我少碰，说八成有毒！西红柿叶子的香味跟马缨丹有点像，也有些刺激，怪不得母亲不爱。后来我发现很多人都不爱，欧洲人早期甚至因此说西红柿有毒。

自从在院子里发现西红柿苗，我每天都过去看。颓圮的泥墙和灰烬是最好的养料，五六棵不知从哪里冒出来的西红柿苗，每株都长得很壮。叶片沿着叶柄向两边生长，每片大小不同，裂口也不一样，有些叶子中间鼓起来，造成蜷曲，变化复杂极了！

不到三尺高，它们就开了黄花，一朵朵朝下，像是小铃铛。接着中间钻出绿色的果实，很快长大，变成红色。多么神奇的植物啊！明明是一年生的草本，却好像木本的果树。明明是蔬菜，却可以当水果。还有，就是它们像树又像藤，尽管没有攀爬的须，却容易东倒西歪，使我不得不用竹子把西红柿苗架起来。竹子是原先支撑墙壁用的，被火熏得黑黄相间，绿叶红果黄花，在一片断垣残瓦和焦黑的竹枝间展示了新生的喜悦。

或许因为童年的记忆，我特别爱画西红柿，而且在创作前一定细细写生，必须抓住西红柿的特殊味道。这几年我画西红柿更容易了，因为九十多岁的岳父种西红柿。怕影响草坪的景观，老人把西红柿都种在花盆里，一排排放在露台上。花盆里全是老人用厨余调制的泥土，西红柿株株肥大，而且品种各异，有像葡萄成串的，有鲜红如樱桃的，还有名叫"大男孩"的超大个儿。我只要把西红柿盆子推到窗前，就能从容地在屋子里面写生。也因为从容，更能细细描绘西红柿的变化。

最近画了一张以西红柿和青鸟为主题的《夏日园趣》。我先用铅笔写生做底稿，再转画到绢上。半透明的绢特别适于以水绿表现叶子的剔透，鲜艳的果实则以朱砂打底，再罩染几次洋红。

一只小鸟特别聪明，选择了最熟的西红柿，站在上面品尝。另一只大概闻讯飞来。为了减缓下降的速度，把翅膀用力向下拍打，并将尾羽张开以产生阻力，爪子已经接触到叶柄，把那片叶子压弯。正在享用西红柿的那只则回头大叫，不知是说"真好吃！快来啊！"还是喊"我先到，你别抢！"

我一边画，一边想那两只小鸟的对话，也想到少年时废墟间的野西红柿，还有我拿着勺子喂父亲吃糖西红柿的一幕。

从来都是爸爸喂我吃东西，只有那一次，我把勺子送到他微微张开的嘴里……

选自刘墉先生作品《宁可孤独，也不庸俗》

拥抱是心灵的沟通

中国人有个毛病，小时候抱得太多，大了又抱得太少。
那么，孩子到底需不需要抱？多抱好，还是少抱好？

如果你问我一生看过最感动的画面是什么，我的答案一定是，二十年前太太生产的画面。

那是一个新生命脱离母体，进入这个世界，也是一位母亲经过怀胎十月的辛苦，经历被撕裂、把另一个生命带到人间的过程。那是婴儿落地的啼哭、母亲阵痛的呼喊，以及生产之后的欢愉交织在一起的画面。

当时医生把女儿脐带剪断，立刻就交到我手里，娃娃身上都是羊水的黏液，好滑好滑，我紧张地抱着她，感受一个新生命的颤动。她好像一个红红的小电池，让我的心灵触电。我把娃娃抱到旁边的台子上，护士交给我管眼药膏，要我为她上，我拨不开娃娃的眼皮，护士喊："不要怕！你用力拨，她很强壮的，不然也不敢到这个世界来。"接着连洗都没洗，把娃娃用干布擦一擦，就放在我太太的胸口，要她抱着。

我说，这样好吗？

护士说："当然好！她被妈妈双手抱着，身体贴着妈妈的身体，听到妈妈的心跳，好像在妈妈的肚子里。娃娃最熟悉，最有安全感，会最开心。"

二十年来，我常想起护士的那段话，想女儿被妈妈一抱，就不再哭泣的画面。我发现"抱抱"对孩子而言，真是太重要了！

大概每个有小孩的人家，都会经历娃娃不断要抱抱的阶段。有人认为抱多了不好，孩子会变得太黏人，所以宁可让孩子哭，也不抱。有的人则整天把娃娃抱着，抱着走来走去，还得边走边摇，放下娃娃就哭。

对于抱多抱少哪个好，真是众说纷纭。但是至少可以知道，婴儿时期常被大人抱，在很有安全感的环境中长大的孩子，人格上比较健全，对人也比较亲和。所以有很多心理调查的问卷，会问小时候是吃母乳还是奶粉。吃母乳有另一层的意思，代表常常被妈妈抱着疼爱。

你注意观察，每个娃娃都很有占有欲，就算你交给娃娃一个奶瓶，要他拿着吸，他也可能一手拿着奶瓶，却伸出另一只手，摸着枕头的尖尖、棉被的尖尖，甚至自己衣领的尖尖。

为什么？因为他要想象自己一边吸着妈妈的一个奶，同时占有妈妈的另一个奶。不但当下有的吃，旁边还有备用的，当然会有安全感。

对于早产儿，如果希望他快快长大，除了放在保温的育儿箱里，还需要大人常常伸手进去抚摸他，有些怎么看都不可能活下来的早产儿，可能就因为不断地被抚摸，加上悉心的哺育，后来长得好极了。

为什么抚摸这么重要？答案也是：因为要安全感！

由其他小动物的身上也可以证明这点。一只母老虎，生下许多小老虎。如果那老虎妈妈常在小老虎的身边，喂小老虎吃奶，而且常常舔一舔小宝宝，那些小老虎会长得特别快。相反，如果老虎妈妈喂完奶就出去了，让小老虎自己躲在窝里，小老虎的发育会慢许多。

因为与生俱来的求生本能，使那些小老虎会尽量减少消耗热量，它们感觉妈妈不在，可能很久才会回来，自己必须撑下去，等妈妈回来，才能吃到下一餐奶。这跟老虎妈妈在身边，随时有的吃，可以放心去发育、去长大的情况恰恰相反。

人也一样，有妈妈在身边，就算不是妈妈，娃娃如果能常常被抚摸、被拥抱、被疼爱，也会有安全感，发育得比较好。

但是，各位做爸爸妈妈的，你也别以为娃娃不断要你抱，就一定好。你要知道，如果那娃娃即使没人抱，他也不哭不闹，自己咿咿呀呀地在小床上玩，更表示他是一个天生的快乐小天使。

尤其重要的是，大人要想想，你们家的环境能不能给孩子安全感？会不会常有惊吓的声音？还有，你们家大人说话的感觉够不够温柔、友善？别以为才生下来的小奶娃，一个人躺在那儿，没什么感觉。错了！他不但能听、能看，而且可能有更强的第六感。如果你们夫妻总不高兴、家人总在旁边吵架，那娃娃能有安全感吗？

还有一点，据心理学家研究，如果大人喜怒无常，也会造成孩子动不动就要抱抱，甚至很大了，还这样。因为他不敢确定你爱不爱他，他需要你用抱抱来表示对他的爱。话说回来，他要你抱抱，那是因为缺乏安全感。

所以，各位照顾小娃娃的朋友，先为孩子制造一个有安全感的环境，给他一个温馨的氛围，而且常常对娃娃说说话。把他抱起来，让他的耳朵贴着你的胸口，让他听听你的心声吧！小娃娃会因此长得更快，而且建立更健全的人格。

如开头所述，中国人常常小时候抱得太多，大了又抱得太少。各位想想，可不是吗？当孩子大了，他不再抱抱你，你是不是也很少抱抱他了。亲子之间彼此都认为抱抱是肉麻的表现，却忘了这是心灵沟通的最好方法，它能唤起我们儿时的记忆，它能缩短彼此的距离。

甚至我们的老人家，也需要抱抱。他们老了，不再有热力，缺少了安全感，就像小娃娃一样。有时候另一半早离开了这个世界，那老人家几十年，不再有人抱抱，甚至一辈子失去抱抱儿女和被儿女抱抱的机会。

　　各位爸爸妈妈，当你抱抱自己娃娃的时候，会不会希望将来娃娃长大，还能抱抱你？那么，也回头去抱抱曾经把你抱大的老父老母，或风烛残年的祖父母吧！

选自刘墉先生作品《世说心语·教育篇》

大胆说声我爱你

> "我爱你"，这是多么简单又多么沉重的三个字啊！
> 简单得不用一秒钟就能说完，沉重得许多人用一生去犹豫，
> 终究没有说出来。

有一天搭美国朋友的车出去，他让上幼儿园的小儿子坐在后面。小孩不但用脚踢前座的椅背，而且尖声怪叫，吵得我头都要炸了。

更糟糕的是我这位朋友，会冷不防地对孩子大吼："闭嘴！"因为开车，他不能回头，看起来就像是对我或对着高速公路在喊，害得我神经更紧张了。

妙的是，他不但喊"闭嘴"，而且会接一句"我爱你"，成了"闭嘴！我爱你"。

"你这是什么意思？既然骂他，叫他闭嘴，又要说你爱他？"我好奇地问。

"我是有道理的。"他一笑，"以前我只喊闭嘴，后来有一天人家问他叫什么名字，他居然说：'我爸爸叫我闭嘴。'我想想不是办法，在孩子印象里，我好像只会喊闭嘴，为了改变他的感觉，所以在骂完之后，一定加一句'我爱你'。"接着转过脸问我："你平常不跟孩子说'我爱你'吗？"

我支支吾吾地点了点头："……说，当然说。"心里却想，天哪！

我好像从来没对儿子说过"我爱你"。

直到三年前，我的儿子写了一本《寻找自己》，里面谈到他在叛逆时期，有一次被我骂了之后，把我送他的玉佩狠狠砸在玻璃板上，玻璃裂开，把手割伤了。我冲进去，以为他要割腕，把他抱住，滚倒在地上。不断对他说："爸爸爱你！爸爸爱你！"我才发觉我说过"爸爸爱你"，是在惊恐的情况下喊出来。

那一幕还清晰地浮在眼前，当我看他双手沁血、浑身颤抖的时候，我还能说什么？我能骂他吗？还是跟他说一番大道理？

什么道理都没用，只有一个道理最是道理——"爸爸爱你"！

无论我们对孩子的责难与宽恕，或孩子对我们的责难与宽恕，不都是因为爱吗？不也都能在"我爱你"当中得到化解吗？

这世上有什么比"我爱你"更能包容的话？只是为什么我们总开不了口，说"我爱你"？

最近读到一篇有关电影导演林正盛的报道。

这位从小喜爱戏剧，后来虽然做了面包师傅，仍然参加电影编导班，终于在东京影展获奖的导演，提到他拍《春花梦露》的灵感，其中有一段得自他的祖父。

热衷政治的祖父，认为太太应该是待在家里的女人，总以一种近乎"粗暴"的方式，对待自己的"牵手"。

直到有一天，老婆中了风，不能再行动。老祖父突然改变态度，回头照顾老妻。他骑着脚踏车，载老妻去杂货店看电视，喂老妻吃饭，还为老妻洗澡。

林正盛说每次祖父为祖母洗澡，祖母都会掉眼泪。他猜想，这会不会反而是祖母觉得"今生最幸福的时刻"。

于是，他用这个题材，也可以说用这个"省思"，拍成了《春花梦露》。

这确实是个值得省思的事，尤其对我们中国人而言。

我们都爱自己的父母、子女，可是，有几个真真正正，对着他们说出心声——"我爱你"？

我们会用唱的，在母亲节唱："母亲、母亲，我爱你。"

我们会用写的，在父亲节卡片上写："爸，我爱你。"

我们会用吼的，对孩子瞪着眼睛喊："你知道这都是因为我爱你吗？"

我们会用英文说"I love you"，好像换一种语言，就能减少尴尬，比较不会"不好意思"。

甚至总说"我爱你"的情人，在成为老夫老妻之后，再讲"那句话"，就成了肉麻。

记得前两年，看过一个漫画，画中妻子问丈夫："你爱我吗？"

"爱呀。"丈夫从报纸后面抬起脸答。

"你真的爱我吗？"太太又问。

"爱呀！"丈夫举着报纸答。

太太还不满意，又追问："你确实爱我吗？"

丈夫突然狠狠地放下报纸吼道：

"爱呀！"

这个漫画真是活生生地描绘了中国的老公。

不错！把"我爱你"挂在嘴边的洋人，可能有些是假的，但如果你永远不说，又怎么可能是真的呢？你虽然可以用行动表现，在妻子有一天病重时，送汤送药、帮她洗澡；在父母有一日病危时，跪在床前悲恸欲绝。

只是，那一刻是不是嫌晚了呢？

"我爱你"，这是多么简单又多么沉重的三个字啊！简单得不用一秒钟就能说完，沉重得许多人用一生去犹豫，终究没有说出来。

古板的父亲，在严肃的表情背后，藏了这句话；辛劳的母亲，在慈祥的眼神后，藏了这句话；青春的孩子，在叛逆的内心深处，压抑了这句话。

千百年来，中国人隐藏的这句话，已经可以砌成一座长城。只有如孟姜女，在悲怆的哭喊中，才能把那句话释放出来。

你我心里、家里，是不是都有这么一堵墙？

让我们今天就把那堵墙推倒，不再害羞、不再等待，大胆地对我们的丈夫、妻子、父母、子女，说出那句深藏已久的心声：

"我爱你！"

选自刘墉先生作品《爱的密码》

远行的朋友

失意人前，勿谈得意事；得意人前，勿谈失意事。

失意时交的朋友，得意时常会失去；

得意时得罪的朋友，失意时也难以挽回。

今天当你跟亨利出去玩的时候，我特别把你叫进来，叮嘱你不要对他说，我们准备买新房子的事。

你似乎不太苟同地看看我，心不甘、情不愿地点头出去了。

不错！你可能认为我有一点假，既然是真实的事情，为什么不能说？何况亨利又是你那么要好的朋友。

但是你也知道，亨利跟他的父母就要被调往别的国家，不管他们要去的地方如何，对于这一块已经生活了十年的土地，他内心有着多少留恋、多少无奈与失落，他可能在家对着心情不定的父母说想留下，却换来斥责。他的父母何尝愿意走，心中又有多少矛盾？

况且当我们搬新家的时候，他们已经离开了，那么你对他说又有什么意义呢？表示你的父母有办法？表示你会生活得更体面？还是表示你让他顺心如意？

他是你最要好的朋友，你能搬到更好的房子，他应该为你高兴。但是相反地，他要到远方去，你是不是也应该分担他的惆怅？

此刻你对一个将要离去的朋友，说你不但能在美国安居，而且能够更上一层楼，对你和对他，又有什么好处？只是更增加了彼此的距离。

所以，向他说一些你对于他前去国家的向往，说我们将去那里看他们，说希望他每年回来玩玩，届时可以住在我们家。并告诉他，你们在未来可以经常通信，并交换资讯，使他能够面对新环境，有更多的憧憬与勇气。

这些，才是你对朋友应该说的。

失意人前，勿谈得意事。因为那只可能加重对方的落寞感，所以即使万事顺心，也要故意说些辛苦处给朋友听。

得意人前，勿谈失意事。因为得意人常不能体谅失意者的痛苦，所以即使有许多不如意，也要振作起精神。

失意时交的朋友，得意时常会失去。因为他觉得你高升了，不再是他的一伙，他不愿意高攀，也高攀不上，你无心的一言一行，都可能引起他自卑的敏感。

得意时得罪的朋友，失意时也难以挽回，因为他觉得你昔日气焰的消失，不是因为你变得谦和，而是因为走投无路，才回头搭老交情。昔日你不认他，他今天也不认你！

在未来的岁月，随着你的成长，将会逐渐了解我这番话的道理。

选自刘墉先生作品《超越自己》

当老人变成孩子

突然觉得这老人家，跨过八十七年的岁月，此刻却缩在床上，如同我五岁的小女儿，需要关爱和保护。

天热，吃凉面。

"你不知道吗？我从来不爱吃面。"八十七岁的老母，居然把碗推了，转身去冰箱拿了面包和肉松。一边把肉松往面包里夹，一边没好气地说：

"看到面，我就想起你老叔，想起他，我就有气！那年，我刚嫁到你们刘家，你奶奶怪，你老叔更混蛋。给他做了面，他偏要吃饺子，等他吃完饺子，我回头吃那碗面，早凉了，我一边吃，一边掉眼泪。告诉你，记住了！妈从那时候开始，就恨吃面。"

吃完饭，家人在餐桌上吃水果。五岁小孙女的水果，照例由奶奶料理。

将近九十岁了，老人家的手还挺稳，削完了苹果又切桃子。

"我要桃核！"小孙女喊着，"我要去种。"

"种桃子干什么？"老奶奶停下刀，叮嘱着小孙女，"要种杏，别种桃！"

一桌人都怔了。

"'桃'就是'逃'！我逃一辈子了，先逃'老义军'（军阀），再逃小日本，还逃不够吗？"老奶奶喃喃地说，"所以要种就种杏，幸幸福福过几年太平日子。"

　　不知为什么，跟着老母四十多年，最近却听了她一堆新故事。说实在话，我从不知她不爱吃面，也不晓得她忌讳种桃子。怎么一下子，全出笼了？连最近小女儿跟她学的儿歌，都是我以前没听过的。

　　"怎么没听过？我从小就唱！"老母还不承认，"我爹教我的。"

　　最近提到我外公，老母的表现也不一样了。以前她恨他，恨他又娶了个小，现在却"我爹、我爹"叫得越来越亲切。好像她变小了，我外公又站在了她的面前。

　　于是那个原来所谓不苟言笑、偏心、重男轻女的老头子，便一下成了会说故事、会唱儿歌、会买咕咕钟的"好爸爸"。

　　"我爸爸也一样。"一位老朋友颇有同感，"以前提到我爷爷，他都好像要立正似的，说我的'父亲'，里面还加上日文的'敬语'，可是这两年不同了，他会说'我阿爸带我去抓鱼、我阿爸教我游泳'。当你看他说话的样子，他不再是我的爸爸，倒成了一个孩子。"

　　老人家确实越来越像个孩子。过去她很不喜欢小孩，后来只爱自己的孙子、孙女，现在则只要是孩子，她就喜欢。

　　有一天妻带她从外面回来，看她提个重重的塑胶口袋，我问她买了什么。

　　"买什么？你不会感兴趣的！全是糖，给小孩吃的。"

　　每次有小孩来玩，不论是亲戚的小孩，或邻居的洋孩子，就都往她的房里钻。每个人出来，都鬼鬼祟祟地捂着口袋。说老奶奶叫他们别说，把糖偷偷吃掉，或藏起来。

　　只是老人也像孩子般，越来越跟人分你我。好比爱藏玩具的孩子，什么东西都要是自己的。

原来几大瓶维生素，放在厨房，一家人吃，只要去拿就成了。不知从什么时候开始，老人自己各存了一点。吃完饭，一定要回房，吃自己的。

原来一家人围着看电视，现在老人也叫我又为她买了一台，放在她的房间，常躲在屋里自己看。还把小孙女找进去，看她电视里的卡通。

她真成了个孩子，使我想起儿子小时候，喜欢用纸盒子和脚踏车围成一圈，然后躲在里面，说那是他的家。过去年轻时，她喜欢串门聊天，现在还喜欢，只是不再出去串门，而希望别人来我们家。又最好是能进她的房间，坐在她的床边，跟她讲悄悄话。

有一天，我在花园工作，老母迈着解放小脚，一步凑过来，又拉着我的袖口，走到院子一角，神秘兮兮地说："来！妈问你，你赚的钱，够不够下辈子花？人都会老，别一天到晚买花，存着点，等老了用！"

我笑了起来："原来是这事，干吗神秘兮兮的？""当然了！咱们娘儿俩，总也有点悄悄话吧？"老人家居然转过脸去，有点激动，"你知道吗，咱们好久没说说亲昵话了！"

突然发现老人的寂寞。一家七口，虽然热热闹闹，但是在她的心底，由于身体的衰退，越来越失去安全感，也越来越怕寂寞了。

或许人的一生，就像日出与日落吧！似乎回到同样的位置，只是方向不同。

由出生时的啼哭，需要抚爱，需要怀抱；到开始学走路，开始抓取自己的东西；再到"扮家家酒"，假设有个自己的小家；后来越长越壮，觉得天地之间，可以处处为家。

然后，过了中午，太阳西落。我们随着身体的衰老，逐渐收回遥远的步子，躲回家。躲回自己的房间抓紧自己的东西，也抓紧自己的亲人。

我们又像儿时一样，需要亲人的拥抱和呢喃。

母亲老了！

我常得听她进浴室的时间是不是太长，也在每晚就寝之前，先推开她的房门瞧瞧。

看她一个人睡着，昏昏的夜灯，映着墙上父亲年轻时的照片，我有着一种莫名的感伤。突然觉得这老人家，跨过八十七年的岁月，此刻，却缩在床上，如同我五岁的小女儿，需要关爱和保护。

"去买一张轻便折叠的轮椅。"我对妻说，"明年春天，带着她一块儿，去迪士尼乐园。"

选自刘墉先生作品《生生世世未了缘》

不再孤独的孤独

我们由孤独来、往孤独去。又总是被这世界、人群环抱着，
稍稍往远处想一想，就不再孤独。

去年 11 月初，我打电话给住校的儿子，问他能不能回家过"感恩节"。

"我有一大堆报告，要趁这个假期赶，没办法回去了。"儿子说。

但是当一个礼拜假期只剩三天时，又接到儿子电话，说他的报告已经写完，可以回家了。

"回来才两天，又得赶回去。"我说，"你就留在学校，等圣诞节再回来吧！"

孤独使人成熟

假期结束，再接到儿子的电话。说他这三天好可怜，宿舍里的人全跑光了，只剩他一个，房间变得好大、好冷清。可是他却用这段时间，又做了不少事，也想通了许多事情。甚至对毕业之后，都有了新的计划。

他的语气好特殊，带着一种特别的激动。过去跟我讲电话的那种不耐烦完全消失了。代之而起的，是一种久别重逢的亲切。

放下电话，我想，是因为我没让他回来，使他吃惊，怕父母对他的爱减少了？还是因为好久不见，使他的思念与日俱增？又或是由于他这几天一个人，更孤独，更想家，也变得更成熟了？

孤独使人面对天地

想起王维的《九月九日忆山东兄弟》——

> 独在异乡为异客，
>
> 每逢佳节倍思亲。
>
> 遥知兄弟登高处，
>
> 遍插茱萸少一人。

这首在中国连小孩都会背的诗，竟是王维十七岁时的作品。

王维是不是也当朋友都回家过节，而在异乡孤独的时刻，产生这样的情思？如此说来，孤独不是灵感最好的催生剂吗？

也想起阮籍的诗：

> 夜中不能寐，起坐弹鸣琴。
>
> 薄帷鉴明月，清风吹我襟。
>
> 孤鸿号外野，翔鸟鸣北林。
>
> 徘徊将何见，忧思独伤心。

十七八岁时，我常失眠，翻来覆去睡不着。越睡不着，越急；越急，越睡不着。但是自从我读到这首诗，就豁达了。

睡不着有什么关系？睡不着就让自己醒着嘛！像阮籍一样弹弹琴、听听鸟叫、想想心事，写一首传诵千古的诗。多好！

我在文学上，进步最大的，就是那时候。我发现孤独的时刻真是太好了！孤独使我们不再面对别人，而是面对自己，孤独使我们面对天与地。

孤独使人面对心灵

那时候我也喜欢一个人去爬山。即使是跟大家一起爬,我也喜欢跑到最前面,或留在最后面,把前后的距离拉大,好像一个人登山似的。

一个人登山,不必看别人的脚跟;不必因为后面有一群人,明明想停下来看看,也不得不走。

一个人登山,不必聊天、不用管别人,于是面对的不是人,而是真正的山。

我发现对山水最大的感触,都是在独自的情况下得到的。我也了解,为什么在中国传统的山水画里,常只画一个人,高高地坐在山头上,看风景。

那时候,我也很爱看"故宫"的一幅《寒江独钓图》。

大雪中,一个蓑笠翁,独自瑟缩在一叶扁舟上,垂钓。

站在那张画前,我常想,那老翁是因为急着要吃鱼,才冒着大雪的寒冷,出来垂钓,抑或他只是喜欢这样的情趣?他钓的不是鱼,是雪,又不是雪,是他自己的心灵。

想想,换用现在年轻人的字眼,那位老先生是多么"酷"啊!但也令我非常不解的,是为何有那么多年轻朋友,在给我写信时,抱怨自己的孤独?

他们难道不知,朋友固然是孤独最佳的止痛药,孤独却是心灵成熟最好的催化剂。

孤独使人面对生命

记得一位"文革"时被下放到"北大荒"的作家,曾对我笑着说:

"不要认为那是我空白的七年。告诉你！我过得很充实，也想得很多。以前没时间想的，那时候都想了。身在北大荒，你不面对自己，还能面对谁？你面对的是存在、面对的是生命！有什么比一个人面对生命，更能产生强烈的震撼？"

最近我也在电视上，看到对世界三大男高音之一的荷赛·卡雷拉斯的特别报道。

令人难以相信的，去年在世界足球大赛中高歌，吸引全世界几亿观众的卡雷拉斯，居然在几年前，曾得过致命的血癌。

医生说他只有十分之一活命的机会。他不能再演出、不能再见客，每天被关在隔离的病房里，因为即使最普通的传染病，也可能让他死亡。

十四个月之后，卡雷拉斯奇迹似的复原了。他重新回到舞台，唱出更优美而深入人心的歌声。很巧，他跟那位北大荒的作家，说出同样的话：

"孤独，使我们能面对自己、面对过去、面对未来，也面对生命。"

孤独也不孤独

我常想，生命的孤独是很妙的。

出生前，我们一个人（除非是多胞胎）住在妈妈的子宫里，由肉眼几乎看不到的受精卵，长大到成熟的胎儿。我们一个人在羊水里浮沉，自己吮吸着自己的手指，没有人跟我们交谈。但我们也是不孤独的，因为我们就生活在妈妈的子宫里面，被母亲带着走来走去。

当我们死后，我们被埋葬在坟墓里，一个人睡在骨灰匣子或冷冷的棺木里，也没有人能跟我们交谈。

但我们也是不孤独的，因为我们就住在人群四周，我们就睡在地球上面，跟着大家一起转，跟着四季一起变换。

如此说来，孤独有什么可悲呢？

我们由孤独来、往孤独去。又总是被这世界、人群环抱着，稍稍往远处想一想，就不再孤独。

选自刘墉先生作品《迎向开阔的人生》

Chapter ④

绅士的品格

话到七分，酒至微醺；笔墨疏宕，言辞婉约；

古朴残破，含蓄蕴藉，就是不完而美的最高境界。

隐藏的体谅

每一个人，在成长的过程中，都要学着去了解、去体会、去认知人性，以及在人性表层下，隐藏的兽性。我们必须运用自己的智慧与勇气，和别人偶尔浮现的兽性去战斗、迂回，且适当地为对方隐藏。

我曾读过一个令人惊心动魄的笑话：

中年主管对新进的女职员很有意思，在一段连续假日之前，总算找到了好机会。

"我能不能邀你去我的森林小屋度假？"他故作神秘地说，"我的老婆根本不关心我。千万别跟人说，明天是我的生日呢。"

年轻女孩抬起脸，眼睛一转：

"何必到你那里去，我的家也很幽静，没有人打扰，干脆到我那儿去好了！"

主管简直乐歪了，心想：这小姐真来电！一口答应下来，并在第二天如约赶到女孩住处。

千娇百媚的女孩子，满脸神秘笑容地迎接，先倒了杯酒给主管，娇滴滴地说：

"你在客厅等着啊！我进卧房准备一下，当我叫你的时候，就推门进来。"说着便像条鱼似的溜进了卧室，又关上门。

主管的心简直要跳出来：太神秘，太刺激了！现代女孩子真是爽快!

事不宜迟,主管没两分钟,西装、领带、衬衫、汗衫,全部解除了武装,而那女孩子娇滴滴、神秘的声音也及时传出:

"你可以推门进来了!"

主管连灵魂都醉了!推开门——

"生日快乐!"全办公室的男女部属,伴随着开香槟的声音,对他欢呼……

笑话说完了!是不是令人惊心动魄呢?那惊动的原因,是它赤裸裸地暴露了人性!

与其他有色笑话不同的,是它绝对可能发生,结果则是无可转圜地丢尽了人。且不论主管、年轻女主人,或满屋的同事,都顿时不知如何自处。

但是换一个角度来想,如果故事中的女孩子没有安排惊喜派对,只是自己进去换一套礼服,点燃蛋糕上的蜡烛,那"坦荡荡"的主管,是不是也会尴尬地僵在那儿呢?

如果僵住了,下一步又是什么?他会为了打破僵局,一不做,二不休地用强,还是羞愧地反身穿衣离去?

这种尴尬的场面,谁都可能亲身遇到。问题是,我们却不常听说这类的事。

我们常常见到的,是衣着光鲜的绅士、淑女,谈吐文雅的贵胄、名媛,我们何曾听过他们说彼此的丑态?

丑态绝对可能有!因为那是人性!只是它总完好地隐藏在人们身后、各人心底。当事者为对方,也为自己保留颜面,不说出来。

某日我问一位男同事:

"如果我在餐厅遇见一个吸引我的女孩子,我要用什么方法去跟她认识？"

男同事说不知道。但是当我拿同一问题，问一位漂亮的女同事时，她却说出了不下十余种好方法。

是男同事不愿说吗？我相信不尽然；而且就算他说，恐怕也绝对比不上那女同事的例子丰富。因为他说出的，只是他一人想出来的，而女同事却讲出了她所经历的，那是许多男人向她献殷勤时，真真正正表达的！

这也使我想起大学三年级时，一位"名女生"对我说的话：

"你们男人说上一句话时，我就猜到下一个动作了。"

"为什么？"

"因为男人的丑态我见多了！"

当时我还是个天真的大男生，而那位同年龄的女孩子，由于校外的交际广，居然已经见过了不少丑态，怎不令人惊讶！

"可是……"我自问，"我为什么从来都没见过男人的所谓丑态？"

直到后来，我才渐渐了解，男人在男人面前绝对保持尊严，女人在女人面前也绝对矜持。结果了解男人的不是男人，是女人！了解女人的也不是女人，是男人！

而越是条件优越的女人或男人，越容易见到异性的另一面。

一个漂亮的女孩子可能会说："什么叫作朋友？我不信任朋友，因为我的未婚夫对我说，我要好的女朋友偷偷约他，并且说我的坏话。而我自己更发现，我未婚夫的好朋友，也偷偷追我！"

问题是，如果她的未婚夫不说，她不会知道自己的好朋友有不够意思的举动。而她自己，更八成不会告诉未婚夫他好朋友的特殊表现，因为她不愿见到未婚夫与朋友起冲突。

于是，这许许多多的秘密就穿梭地被隐藏了，除非有一天，发生了那中年主管"惊喜派对"的事。

但是我们也要知道，人们之间许多不可解的心结、不可知的怨恨，也是在这当中种下的。

譬如那在众人面前丢了脸的主管，若无法离开自己的职位，将来如何与同事共处？

如果他是大老板，是否会借故把同事一个个辞退？

"恼羞成怒"这句话一点都没错。当一个人，在异性前放浪形骸，而被拒斥，那羞愧之怒是永难消除的！

让我再说个故事：

做父亲的，突然坚决反对儿子娶一位交往多年的女友，原因是：那女孩子由于太熟，所以拥有一把男友家中的钥匙。没想到某日打开门，发现了正在看 A 片的准公公的某种丑态。

女孩子有错吗？没有！如果说有，是她未按铃。但有几个"家人"回家，会先按铃呢？

男孩子在父亲突然反对，自己女友也借故疏远的情况下，能探知原因吗？

可能也没办法。因为女孩为了大家的面子，不愿讲。

于是那心结、尴尬与矛盾，就永远难解了！

我写出这许多故事，希望说出的是：

每一个人，在成长的过程中，都要学着去了解、去体会、去认知人性，以及在人性表层下，隐藏的兽性。

我们必须运用自己的智慧与勇气，和别人偶尔浮现的兽性去战斗、迂回，且适当地为对方隐藏。

这战斗的勇气、迂回的技巧和隐藏的体谅，正是一种伟大的人性！

选自刘墉先生作品《爱就注定了一生的漂泊》

站着说还是坐着说

先要用心，才能贴心；

姿态对、场合对、时间对，先成功一半！

当你说话时，站或坐的方式不同，所能产生的效果不同。

还是先举个真实例子吧！

我有个学生，在房地产公司做事，是所谓的超级业务员。他有一天对我说："老师，您知道吗？坐的位置不同，是会有很大差异的。譬如客户跟你面对面坐的时候，最冷静、最爱讨价还价，也最可能谈不成，因为他能直接盯着你的眼睛，立场是对立的。所以我会尽量坐在他的另一边。或者先面对面谈，觉得有五分了，就移到他旁边。您信不信，如果客户已经谈完要签了，你还跟他面对面坐，他可能冷不防地要求，再减十万吧！可是当你坐在他旁边，他到嘴边的话，或许就停住了。因为坐在旁边，能给他亲近、够朋友的感觉。"

再换个题材：

如果今天你要跟女朋友求婚，先去买了钻戒，再物色餐馆，打算在两人最有情调的"微醺之际"拿出钻戒，你会找很热闹的餐馆，还是比较安静又有音乐和烛光的？你会坐在门口的位子、靠厨房厕所的位子，还是比较没有干扰的角落？

告诉你个真事，我以前有个朋友，就因为没早订位，不得不坐在餐厅门口，结果才开口求婚，女生就皱起眉："不要在这边问我好不好？这么乱。"你说，是不是坐的地方很重要？

或许，你说你早结婚了，又不打算离婚，所以用不着。那么我要问你，你总会去探病吧？你进病房，看到病人躺在床上，你是不是走过去，站在他的床前，看着他说话？

换个角度，如果今天是你躺在病床上，有人来探视。一个人是站在你床前，居高临下地问你："觉得好多了吧？"

另一人特意去拿了把椅子放到床边，坐在椅子上问你："觉得好多了吧？"

再不然，找不到椅子，他蹲在床边，或半蹲半跪，如果是很近的朋友，还摸着你的手，问你："觉得好多了吧？"

请问，你是不是感觉后面那两个，来得更贴心？

因为站在床前，给人压迫感，看起来像医生，而且随时会转身走，如果他再做出满脸愁容，更糟糕！让人觉得他好像是特别来"道别"。

还有一点，如果你很懂得做人，当别人探病只去一次时，你可以去两次。甚至在对方病愈之后，碰到他还问，那就很不一样了。

因为你把他念着，你把他放在心上。

又好比去年你请人吃生日宴，今年没到时候，有人自己就问，某月某日不是你的生日吗？你当然觉得贴心。

其实他可能只是写在日记本子上，每次聚会前先提醒他，或输入电脑里。有些老板要秘书为他做记录，每次聚会前提醒他，甚至会站在他身边，譬如一见到你就小声对他说，这位王小姐的孩子上个礼拜摔了一跤。于是他能一见你面就关心地说："王小姐，听说你孩子上个礼拜摔伤了，完全好了吧？"

没错，他贴心的问候，是特别有心安排的。但是哪个"贴心"能不先"有心"呢？"有心"是"贴心"的第一步啊！

由此可知，好的沟通，不只要会讲话，注意环境，还得"有心"地安排。就让我举个最常发生的例子吧，保证对亲子沟通有帮助。

请问，你在家是怎么训孩子的？

你是一边炒菜一边转头训，吃饭的时候拿筷子指着训，还是吃完饭，你坐在沙发上看孩子要溜，大吼一声"你过来！我有话要问你"，于是他站着，你坐着训？

这些训话的场合和时机对吗？

你一边炒菜一边骂，孩子会严肃对待吗？只怕一转眼，人就不见了。

你一边吃饭一边骂，大家吃得好吗？只怕全家都胃痛。

你坐着，他站着，如果他又是个大个儿，黑乎乎的一个影子，对你压过来，你能有气势吗？

现在换个方式。

如果你早早就对孩子说："今儿晚上九点钟，我能不能到你房间去一下，跟你聊聊？"

请问，如果你是那个孩子，听了这番话之后，会不会有点紧张？天哪！老妈或者老爸为什么这么正式地问我，出了什么事吗？

只怕你还没去骂他，他已经把自己可能犯的错，先想过一遍了。

到时候，你敲他房门，表示了对他的尊重。又关上房门，表示谈话的私密。

接着，又有几种选择——

你可以站在他的书桌前，盯着坐在椅子上的孩子谈话。也可以拉把椅子，跟他面对面细谈。

如果是母女，你这位妈妈还可以往女儿床边一坐，招招手，叫女儿过来，坐在你旁边，然后拉着她的手，母女谈心轻声细语的："孩子啊，让妈跟你说说贴心话，妈妈一直想问问你……"

各位读者，你去想想这场景，炒菜、吃饭、坐在客厅沙发上、站在孩子书桌前和坐在他身边，是不是明明说的是一样的内容，却可能有完全不同的效果？

最后让我再强调一次：先要用心，才能贴心；姿态对、场合对、时间对，先成功一半！

选自刘墉先生作品《世说心语·处世篇》

把光芒让给别人

你可以有才气，甚至比主讲或受你访问的人都强，
但是毕竟今天他是主讲人或来宾啊！

大约二十年前，有一阵子我跟着台湾的一位国画宗师做研究，除了每天看他画画，在旁边做记录，也常陪他出去。

有一天，陪大师去逛画廊，画廊的老板正好外出，由一位很漂亮很有气质的小姐出来接待，据说还是刚留学回来的。我们一路看，小姐也亦步亦趋地陪在旁边，还不断介绍，比如："这张画是个新人的作品，那张画是我们由收藏家手上借来展览的。"

大师虽然快九十岁了，但是一点也不马虎，不但欣赏画，还细细地读画上题的诗句。有一张画是用草书题的，大概写得太草了，大师读着读着，突然停住了，皱着眉琢磨一个认不出的字。

就在这时候，那画廊的漂亮小姐开口了："您看不出来啊？是'意思'的'意'嘛！"

按说问题解决了，大师应该可以继续读了，但是错了！只见大师脸色一沉，沉声骂道："这里有你多嘴的吗？"跟着一转身，怒气冲冲地走出画廊。

您想通了吗？为什么？

好！我先卖个关子，再说另一个故事。

我以前有位教授，学英国文学的，据说还去英国名校念了个很高的学位。学校里只要有英美的外宾来演讲，都由那位教授做即席翻译。

那教授确实学问好，常常外国人用英文讲三十秒的，由他翻译的时候，他要用上一分钟。有人不解，问他原因，他说因为有许多西方的专有名词，怕大家不懂，所以他要多加一点解说。只是很奇怪，有些西方著名的学者，再次应邀的时候，居然会特别交代，换一位翻译。

您说，为什么？我也先不说，再讲个故事吧。

我认识一位谈话节目的著名主持人，口才好，学问更好，加上用功，常常在访问来宾之前，他自己先研究，所以每次访问都能切中要点，非常深入。有时候来宾说得不完全，他还能为来宾补充，或者由他自己先发表一番宏论，再请问来宾的意见。

按说上这主持人的节目多轻松啊，可是居然听说有不少人不愿上他的节目。

您猜，为什么？等我说完第四个故事，再一起讨论吧！

我有个老学生，长得既高挑漂亮，又有才气，以第一名从大学毕业，被系主任留下来当助教。

系主任确实会用人，有眼光！单单加她一个助教，系里的人不但轻松多了，而且办出许多有声有色的活动，每个活动从设计、布置、发新闻到办开幕酒会，全由这位才女助教一把抓。

助教当了一年，她要升讲师，必须有硕士学位，于是报考系里办的研究所。按说近水楼台先得月，出题判卷子的全是系里的教授，她是包中的！

只是，放榜了，她居然没考上。其实我早发现她可能会碰上问题。因为有一次他们系里办研讨会，我提早到，看见一堆记者正围着她问问题，只见她人又高又漂亮，站在记者中间有说有笑。等到她的系主任赶过来，记者说资料已经足够，可以立刻回去发新闻了。

我当时就心想，她大概因为刚入社会，不懂得处世，非吃亏不可。

要知道，这世界上不知有多少人，甚至已经入社会很久的老鸟，还不懂得怎么把光芒留给别人，结果他明明是去捧场、去帮忙，甚至去牺牲奉献，到头来却得罪人，甚至掉了脑袋。

确实掉了脑袋哟！你知道以前将军在前线打仗，眼看要攻下敌人的城池，听说皇帝要亲自出征，就非得停下攻击，等皇帝来吗？

这一停可能让濒临瓦解的敌营喘口气，因此变得难攻许多，甚至得因此多死不少兄弟。将军为什么不一鼓作气，把城攻下，再等皇帝驾临，给皇帝一个惊喜呢？

错了！各位要想想，皇帝明明知道马上就要攻下了，他为什么还要御驾亲征？他是要来抢头香，显示他是英主啊！你这将军不等皇帝驾到，自己先攻了，不是抢主子的功吗？

这也叫功高震主，你能不丢官、坐冷板凳，搞不好还会被砍头的。

同样的道理，前面的故事里，大师认不得的字，那小姐认得，那么快嘴地说出来，固然显示了她的学问，甚至在语气上表现得很轻松，好像说："其实很好认，不过是'意思'的'意'嘛！"她这不是让大师脸上无光吗？

至于那英文教授和主持人也一样。

你可以有才气，甚至比主讲或受你访问的人都强，但是毕竟今天他是主讲人或来宾啊！

选自刘墉先生作品《世说心语·处世篇》

留神你的"行为语言"

除非你存心给对方暗示，否则最好少有这种动作。

最近我介绍一个年轻人去一位老朋友的公司，那老板跟我是深交。可是，那年轻人面试之后，居然没被任用。

我就打电话去问老朋友，为什么没用他。

老朋友说："我发现他并不喜欢这份工作！"

我问："你怎么知道，他说了吗？"

老朋友说："他没讲，可是他用动作表示了。当我告诉他，希望他做哪些事的时候，他把两只手抱在胸前。"

我又打电话问那年轻人。果然，他觉得那份工作不适合他。还说幸亏老板没通知他上班，否则他不去，还不知道怎么向我交代呢！

由这件事可以知道，"行为语言"是非常重要的。别以为一般人不懂，要知道既然叫"行为语言"，就是以"行为"当"语言"，人们能由动作上感觉到。

最起码，你知道跟人聊天的时候，如果对方看表，显示他另外有事，或者不想继续谈了。敏感的人，甚至能在主人突然要添水续茶或准备点心的时候，猜测主人是不是有送客的意思。

行为语言其实是反映心理和生理的。

举个例子，今天你看两个人走过来，一个人手里提着一个很厚的手提箱，另外一人也提着手提箱，但是厚度只有一半，甚至更薄。你觉得谁比较有能力？

会是厚的吗，因为他箱子的内容丰富？还是薄的，因为他比较轻松？

当然是那提薄手提箱的人感觉比较好。最起码，他感觉上不累。一个显得累的人，是不可能有气势的。同样的道理，两个人坐在对面跟你谈话，一个人头上有汗，一个人头上干干的，请问你的感觉有什么不同？哪个人看来更有自信？

所以如果你去接洽事情，除了手提箱轻一点，还要在进门之前，把汗水擦干。最好别进门就先跑厕所，因为让人看在眼里，好像你尿急，表示你匆忙，显示你不够从容，也会减损你的气势。

更重要的是，我前面提的"以手抱胸"的动作，你可千万小心。不但在接受面谈的时候，不能做出这个动作，就算开会的时候，也最好少抱胸。

你想嘛！今天如果你是老板，在台上讲话，下面有一个人总用手抱胸，是不是显示他不同意你的说法？你是不是会不高兴？因为他的动作非但让你不顺眼，而且造成你心理上的威胁。

别说老板讲话时你不能抱胸，连同事间，你也要小心这个动作。尤其当你左右两边的人说话时，如果你抱着胸，又转过脸盯着他看，那十足表现了你的敌意。就算你没敌意，看起来也有敌意。

甚至你不抱胸，只是转头，却不转动身体，也会给人不好的印象。相反，如果你在旁边人说话的时候，能把椅子转动些，不但脸对着他，身体也对着他，再把上身向前倾一点。天哪！这感觉就太好了！

为什么？因为你特别把椅子转过来，甚至移动椅子，向着说话的人，又用眼睛看着他，倾听，当然给人很有诚意的感觉。

至于站着说话，也一样。如果你站着，把手背在背后，这在行动语言上，说明你把最重要的器官都露在前面，而不是采取自我保护地抱胸，显示你艺高人胆大，有自信。

但是当你是下属，跟长官说话的时候，就不能这样，最好立正，或双手轻轻握着，放在前方，再往前倾斜一点。

此外，每个人都有经验，就是当我们累了的时候，会用手揉颈部，这个动作是非常明确的身体语言，表示不耐烦。

除非你存心给对方暗示，否则最好少有这种动作。

还有一个太多人犯的毛病，就是抖腿，我年轻的时候也有这毛病。它显示了毛躁不安，为了改这毛病，我请我太太随时注意，就算我轻轻抖了一两下，也要提醒我，没过多久就改了。

抖腿就像女孩子绞手指或揉手帕，是种下意识的动作，如果你没觉得不妥，还感觉潇洒，可以继续抖。只是如果参加大的聚会，大家一起坐着照相，前面没桌子挡着，别人不抖腿，只有你一个人抖，可能就不太好了。

连跷二郎腿这个最普通的动作，你出国或在严肃的场合，也最好小心，有些时候你必须把二郎腿放下来，即使跷，也别把脚放得太靠近膝盖，因为这非但不雅，而且在某些国家会被认为是不敬。尤其你脚心对着的人，可能觉得你在羞辱他，搞不好会找你麻烦。

对不起！请不要怪我啰唆。在汶川大地震发生后的二十四小时之内，我就发表了有关地震的文章，可以知道，我这个人心里有话，不管好听与否，是非说不可的。

选自刘墉先生作品《世说心语·处世篇》

职业道德决定成败

| 每一行都有它的工作理论。

　　我在美国有个朋友，研究所毕业之后，虽然学的是电机，但是没往这方面发展，而是去开了个中国餐馆，而且经营得非常成功。

　　有一天我问他有什么经营的绝招。

　　他一笑，说："很简单！第一点是你要记住客人的名字。第二点，是你要为客人解说每一道菜，譬如'蚂蚁上树'，你要告诉客人中文菜名的意思。因为美国人都喜欢秀，当他带着朋友，一进门，你就叫得出他的名字，显示他是常客，他立刻觉得有面子。然后他点菜，会把你教他的那一套，全搬出来卖弄，你一定要在旁边叫好。就算他说错了，你也要赞美他是行家。这下子，他的朋友就更佩服他了。话传出去，大家都会请他带着来吃饭，认为由他这个中国通带路，一定能尝到最好的中国菜。你说，是不是单由这一个人，就能带一大串，生意怎么能不好呢？"

　　可是说到这儿，他突然话锋一转："不过，人可不是乱叫的哟！如果一位男客带一位小姐来过，改天又带了另一位来，我绝对不能提，'您上礼拜来吃什么什么……'不小心是会出乱子的！"

　　出什么乱子？请听下一个故事——

我有个朋友总带着他女朋友，上台北淡水河旁边的一家高级餐厅。有一天，他跟女朋友闹翻了，但是跟着又交到一个更漂亮的。两个人先在一般餐厅见面，渐渐进入情况，终于把女朋友带去了那个河边的餐厅，因为那里更有情调，对他也更方便。

我这朋友很聪明，去之前先给餐厅打了个电话，叮嘱经理："讲话小心一点。"

果然，那经理看到他挽着女朋友进去，虽然热情地过来接待，却完全没露出看到熟客的样子。倒是乐队，一看到他，就心照不宣地演奏了一首他最喜欢的曲子。接着领班过来，招呼他们点菜。看着外面淡水河的夜色，听着美妙的音乐，两个人正举杯呢，来了一个女服务生："啊！王先生，好久不见，还坐老位子。嗯，李小姐呢？啊！今天不是李小姐。"

你说，不小心，是不是会出乱子？

不只叫人不小心会出问题哟，再说个我亲身经历的事。

有位女士请我在台北一家瑞士餐馆吃午餐。大概就是为了"小心"，虽然我常去那家餐馆，经理并没跟我寒暄。

点菜了，请客的女士为我介绍菜单上的东西，一样一样细细地解说。站在旁边的服务员突然说话了：

"您不必介绍了，刘先生比您更常来。"

当场就见那位女士的脸，唰一下子，红了！

我说上面这些故事，是要讲"职业道德"。

每一行都有它的工作理论。今天你在旅馆、餐馆工作，不能随便透露顾客的行踪，是你的职业道德。就算有人打听，某某人是不是常来啊？你也不应该说。

今天你在银行工作，为顾客的财务保密，是你应尽的职责。虽然在电脑上，你可以看到顾客的每一笔交易资料，但是绝不能到外面去说半个字。

今天你当律师，就算当事人不满意你，请你走，另外换了一位律师，你也不能对外议论那当事人的事。

今天你开印刷厂，而且承印《哈利·波特》这本书，就算外面有千千万万读者，包括你的小孩，向你打听新书的内容，你也不能透露半个字。

今天你做业务，就算跟老板不和，离开了，也不能把业务机密带到敌对的公司，修理你的前老板。

甚至如果你开计程车，前一个客人下车了，下一位客人上来，好奇地问："刚才那位住在我楼下的小姐从哪儿来啊？"

你也不能说："噢！她从某某宾馆上车！"

没错！你不认识那小姐，跟她没交情，她下车之后也跟你毫无关系，但是为顾客保密是职业道德，你必须遵守。

这使我想到在美国，常听说移民局四处抓非法移民。有时候因为前后门都被堵住了，非法移民甚至会跳楼，或躲藏在小小的通风管里。

但是美国政府很明确地规定，移民局不可去学校调学生的资料。虽然那是最好的方法，很容易就能由孩子的资料，查出他非法移民的父母。

你知道为什么吗？

因为那样做，会造成非法移民不敢把孩子送去上学，使无辜的孩子失去受教育的机会。

移民局不能去学校查非法移民，学校不能透露非法移民孩子的信息，这不单是职业道德，而且成为法律。

谈到法律，让我想起一位好朋友念法律系的女儿。

　　她今年暑假找工作，先去长岛一位老法官的办公室，面谈之后，立刻被录用了。

　　可是她爸又找有力人士介绍，为她弄到一个高等法院的工作。那是大家梦寐以求的，但是小女生说她已经接了前一个工作，不能说话不算话，坚决不去后一个。她妈妈还请我太太帮忙劝她。

　　小女生听我太太的话，终于去了高等法院，却一进门就说："我已经接了别的工作，所以是来告诉你们，我不能来。"然后对她妈妈和我太太说："我在法律系学过，说话有信用是我们职业的基本道德。这一点不能办到，我未来怎么当法官和律师？"

　　就在昨天，我太太在电话里对我说这件事。

　　我回了一句："我佩服她！她会是个法律界的人才。"

选自刘墉先生作品《世说心语·处世篇》

窗外有蓝天

幸福总在当下——

窗外有蓝天，多美的日子！

窗外有阴天，多美的日子！

窗外有雨天，多美的日子！

能看到家、看到孩子、看到妻子、看到亲人、看到朋友，多美的日子！

"老婆毕竟不是血亲，她今天跟你闹翻了，明天就可能成为别人的老婆。"有个朋友冷不防地对我说，"还是孩子好，你再骂他，他跟你再不高兴，还是你的孩子，还姓你的姓，叫你取的名字。"

"你为什么会想到这些？"我问，"你跟老婆又吵架了吗？"

"是啊！上礼拜有一天，我上班之前跟她吵了一架，回家发现没带钥匙，按铃，她居然不给我开门。幸亏儿子在家，硬不管他妈拦阻，跑出来给我开了门。"叹口气，"妙不妙？从那以后，我再也不会忘记带钥匙，每次出门之前一定检查，带了，有安全感了，才敢出门。"

一个十岁的中国男孩，因为钢琴才艺惊人，拿到纽约朱丽叶音乐学院的奖学金，由妈妈带着来美国深造。

没想到，才来不久，他的爸爸就因车祸死了。失去了经济来源，他妈妈不得不出去找工作。

"那孩子真奇怪，一天不知道要打多少次电话到办公室找他妈妈，隔一会就来个电话。问他妈在不在。"有一天，他妈妈的雇主对我说。

"这是可以同情的。"我说，"因为他突然就没了爹，他没有安全感，唯恐妈妈一下子也没了。"

一个家在台湾，却总在祖国大陆经商的朋友，对我说的故事就更感人了——

"每次我离开家，八岁的女儿都哭着喊着不让我走。"那朋友说，"我实在受不了那种心痛，也忍不得看她哭，有一次就瞒着她，趁她上学的时候离开家，没想到麻烦大了。"

"什么麻烦？"

"从那以后，每次我回台湾，孩子上学之前都要不断问：'爸爸今天会不会去祖国大陆？'每次她出门，都回头再回头，眼睛里全是恐惧，好像我一下子就会不见似的。"

看非洲猎豹的动物影片，猎豹妈妈生了四个小宝宝。但是爸爸早失踪了，妈妈要猎食，不得不常常离开洞穴。

就见那四只小猎豹相互依偎着，一动也不敢动，仿佛冬眠一般。影片的旁白说，小动物都是这样，当妈妈不在的时候，它们缺乏安全感，生怕自己的热量维持不到妈妈回来，所以只好尽量减少消耗。也因此，妈妈不常在旁边的幼兽，总是长得比较慢。

可不是嘛！据说早产婴儿在保温箱里，除了喂奶，还要专人每天戴着手套抚摸，才长得好、长得快。

抚摸，使他们有安全感。

我也是个缺乏安全感的人，因为十三岁那年，一场大火，不过半个小时，就烧光了我的家。

我的锦旗奖状没了，我最爱的图画书没了，父亲留下的古董字画没了，我宠爱的波斯猫也被烧死了。

从那以后，虽然从台北搬到纽约，又搬到长岛，但是每次离开家，都有几分忐忑。每次回家，看到家门，都有种"真好！家还在！"的欢欣。

我的母亲也一样，记得孙子才四岁的时候，我们一家去庐山旅行。她晚上居然在旅馆做噩梦，梦见孙子掉下了悬崖，于是第二天坚持不去看瀑布。

"大概倒霉日子过多了，现在日子虽好了，心里却不踏实，还不敢相信好日子真能维持多久。"老母后来对我说，"苦命啊！连有福气，都怕消受不起。"

读哲学大师罗素的女儿凯瑟琳写的回忆录。

罗素四十岁时有一天，坐在椅子上看书，看一半，把书放下来，站起身，走出门，骑上脚踏车离开家。

从此，罗素就再也没进过那个家门，他跟同自己结婚十七年的爱莉丝就这样分开了。书上说后来罗素又交了个亲密的女朋友，每次罗素看书看一半，站起身，那女朋友都会紧张地问："你要到哪里去？"

她一直对罗素没有安全感。

遭遇"9·11"恐怖袭击之后，美国人的生活整个改变了。

也许应该说，生活没改变多少，改变的是心情，最起码在纽约可以见到这种心情。

那心情是无形的，深深藏在人们的心底。以前在曼哈顿的街头，见到的总是无忧无虑的纽约客。但是现在不同了，表面看，他们依然坐在路边喝咖啡，躺在公园里做日光浴，但是稍微一些震动，即使是车子爆胎或紧急刹车，都可能引起惊悸的目光。

人们可能不说，但是在许多人的心底，都猜，会不会人群里有炸弹客？会不会地铁里就将冒出沙林毒气？会不会天上飞过的那架飞机，正要撞向自己的家？

安逸的美国人，失去了过去拥有的安全感。

只是想想，这世界上何曾有过没恐惧的日子？病痛是恐惧，战争是恐惧，父母可能去世是恐惧，房子可能失火是恐惧，太太可能不开门是恐惧，连幸福多了些，都唯恐失去。

只要我们不能预知明天，不能预知下一刻，就可能恐惧。谁知道下一秒钟会不会发生八级地震，震碎一切。

于是我们知道：只有把握现在，看得到、摸得着的才最安心。只有把握自己，小心开车，小心过马路，小心保养身体，小心做个好人，有一天发生了不幸，才能没有悔恨、没有亏欠。

幸福总在当下——

窗外有蓝天，多美的日子！

窗外有阴天，多美的日子！

窗外有雨天，多美的日子！

能看到家、看到孩子、看到妻子、看到亲人、看到朋友，多美的日子！

选自刘墉先生作品《爱的密码》

读书的秘诀

最好的老师，教你活的学问，且由其中引导出更宽广的天地。

今天你问我该怎么念书，如果你指的是读课本、考高分，我想自己是没资格回答的。因为我高中的学业成绩并不好，全靠联考之前的猛力冲刺，才进入师范大学。但是，我又想，说不定这种冲刺的经验，倒可以供你参考。

我觉得脑子里一定有个死角，因为念书时，常有些东西硬是进不去。碰到这种情况，我绝不硬背，而将那正面的冲突改为消耗战。方法是将背不进的要点，写在课本靠近页边的位置，每次读书之前，先快速翻阅一遍，使那些字闪过脑海，仿佛分期付款，一个月下来，自然就记住了，反比那硬背的东西结实。

我也利用谐音的方式来记东西，这是从初中时期就有许多学生都使用的方法。譬如"危险"（dangerous）是"单脚拉屎"。"大学"（university）是"由你玩四年"。又譬如我背长江沿岸的十个二等港，只用了一句话"政无安九月常常杀一万"，意思是"政治不安定，九月秋决时处死的人往往高达一万"，虽然句子没有道理，却让我到今天还能记得"镇江、芜湖、安庆、九江、岳阳、长沙、常德、沙市、宜昌、万县"，有人大为惊讶，封我为"电脑"，岂知我是用了特殊的读书方法。

如果你到我书架上找，当会发现一大包"方块字"。以小纸片做札记和以方块字帮助记忆，是我至今仍用的方法。譬如近来临习明朝韩道亨的《草诀百韵歌》，由于草书与楷书的笔画顺序有很大差异，许多字不易记得，我就将它们制成方块字，正面写楷书，背面写草书，口袋里揣上一把，随时摸出来，看到楷书就想草书，见到草书则加以辨别，倒也能事半功倍。

此外，古人有所谓的"锦囊集句"，方法是将平日的灵感写在小纸条上，先投入锦囊，有空时再取出来整理，将断片的灵感集合为大的篇章。我也采取这个方法，不论乘车、走路，甚至上厕所时，只要有灵感，就写在随身携带的小本子或名片背后，统统集中在一个地方，虽然很可能一两年之后，才有闲暇拿出来整理，但是就用这个方法，我在百忙中居然能写成七本《萤窗小语》和《点一盏心灯》。如果我不知道把握每一个小灵感而任它飞逝，怎么可能有这些成绩呢？

还有一点，在这个知识爆发的时代，你会发现书念不完，在做学问时却又需要有广泛涉猎，所以你必须懂得上网查询和整理繁杂的资料。书买回来，即使没时间细看，也要将前言、目录翻过。

同样的道理，百科全书的检索目录、各种字典、辞典、植物典、句典、名典、世界历史年表、地图，也是必备的。甚至像《国家地理杂志》这类书，由于资料丰富，很具有参考价值，为了检索方便，你也可以去买一本数十年来的目录。《纽约时报》集合各种重大新闻的首版集成和百科全书的年鉴也很有用。

总之，书印好了，就是死的，人脑则是活的，你必须将这些死的资料，用最有效的语言、方法，输入你的人脑中。并将这些资料，放在身边，如同电脑磁碟一般，随时等你插入，将你要的东西整理出来！

每个人都有他自己读书的方法，我只是将自己的提出来，仅供参考。如果你的程序语言更适用，当然还是用你自己的比较好。

选自刘墉先生作品《超越自己》

演讲的艺术

好的演讲家，对听众绝对是诚恳而亲切的，

胸怀绝对是开阔而无私的，他固然可能照着脚本演出一场戏，

却绝对是有血、有泪，感人肺腑的一场戏。

为了代表学校参加星期六的演讲比赛，你今天下午特别到我面前练习，并请我指导。但是只听你讲了一小段，我就挥手叫停，因为我发觉，你连一点演讲的基本观念和训练都没有，也可以说，你连说话的技巧都不懂，更不用说演讲了。

演讲，顾名思义，是需要演的。演的目的，则是为了增加讲话的力量，产生更大的煽动力。

是的，煽动力！演讲与座谈不一样，与辩论也不同，在你演讲时，听众通常是不能立即表示意见的，他们或许不赞同你的看法，但只是藏在心里。所以站在台上，你是艺高人胆大，尽情地把自己的看法说出来。也正因此，你必须假想一切别人可能不同意的地方，并尽量鼓动能令他产生共鸣的东西，使那许多在你上台前，对你毫无认识的人，能够逐渐被你引导，同意你的看法，并产生共同意识。如此说来，它不是煽动，又是什么？

但是如果只会演却连话都说不清的人，怎么可能感动他人？所以"讲"与"演"必须配合，也就因此，当我发现你只是像背一篇文章

般地演讲时，立刻要你停止，并叫你回去把讲稿中的关键字挑出来，以加重语气，又要求你注意该顿挫、呼吸和短暂停止的地方。

如同音乐，演讲也是需要换气和休止符的。它不但是换你自己的气，以免上气不接下气地越讲越急，也是为了让听众能换气，以消化前面听到的东西，所以绝对不能没有顿挫。至于休止，则是为了让听众能够产生企盼的想法，希望知道你下面说的是什么。譬如你说："国父一生做事所秉持的，只有一个字，也就是爱！"

当你像是炒豆一样背到底时，是毫无力量的，因为观众还没听懂，你的话却说完了。但是如果换成：

"国父一生做事所秉持的，只有一个字（停一秒钟），也就是爱！"

听众便会想知道那"一个字"是什么，而产生企盼的"凝塑状态"。它足以加强人们的注意力，也有安静场面的效果。

相反地，有一天你面对群众，又可能需要另一种效果，就是群众的欢呼和掌声。那往往是你在上台之前就可以计划好的，也就是在关键处加强声量，产生鼓动的作用，并引发如雷的掌声。它的好处，不单是增加力量，更可以使你借此机会喘一口气，并思考下面的语句。

所以，好的演讲家，是收放自如的。壮阔处，有如率兵千万；亲切处，有如促膝而谈；激昂处，如雷贯耳；低回处，如春风骀荡。他使每一个听众都觉得是在对自己说话，说出自己的心声。

好的演讲家，也是最懂得控制场面的，他知道面对广大群众和少数人，要使用不同的音量，也晓得如何说出适合听众层次的话。他可能没有极丰富的词汇和标准的发音，却能成为最具有吸引力的演说家。

艺术界常说一句话，"最高的艺术在于隐藏艺术，最高的技巧，在于隐藏技巧"。演讲也是如此，最好的演说家，如同著名的主持人鲍勃·霍普，可能由别人撰写经过再三推敲的脚本，背得滚瓜烂熟，并再三演练之后，却在台上给人全是即兴而发的感觉。

记得我们在几年前所看过的 EVA 电视剧吗？阿根廷强人贝隆的夫人为了帮助丈夫打天下，经常对着千万的群众发表演讲，人人都陶醉在她收放自如、有泪有笑的语言中，岂知那都是她请专家一个字、一个字训练出来的。

最重要的是：好的演讲，就如同海顿的《惊愕交响曲》，他能使原本沉落懒散的人心振作起来，使先前的敌人放下武装，甚至站到他的一边，跟着他走。但是在技巧上，他又能如同莎士比亚《恺撒》剧中安东尼为恺撒辩护时一样，从群众相同的观点出发，再逐渐引导，使大家完全改变原先的想法。

所以，好的演说家，对听众绝对是诚恳而亲切的，胸怀绝对是开阔而无私的，他固然可能照着脚本演出一场戏，却绝对是有血、有泪，感人肺腑的一场戏。

演讲，是一种极高的艺术！

选自刘墉先生作品《创造自己》

平常心，心常平

> 只有平常就努力，平常就警醒的人，
> 才有资格谈"平常心"。

"后天就要举行生物科学会考了，我好紧张。"晚餐时你皱着眉说。

"要有平常心。"我先简简单单地答，又加了一句，"我和你妈妈就有平常心，所以明明知道你要会考了，也不多问你，怕你因为我们问，更紧张，也更没有平常心。"

"什么叫平常心？我不懂。"你说。

好！我就用平常心跟你谈谈平常心吧！

"平常心"就像那三个字，是"平常有的心"，是"平常的心情"。你平常早餐都吃一个蛋、一块面包，晚上都睡七个小时觉；考试的时候，也像平常一样睡七小时觉，早晨吃一个蛋、一块面包。

至于没有平常心的人，可能碰上考试只睡五个小时，早上为了增加体力，多吃一个蛋、一块面包，还多喝杯果汁、吃根香蕉，到了考场，又灌下一瓶鸡精。结果，你猜怎么样？

因为他的生活方式跟平常不一样，睡得少本来新陈代谢已经不好，又吃太多东西，不习惯，反而可能在考场不舒服。

我就曾经在参加大专联考的时候呕吐，上电视主持特别节目的那天脸上长包。

为什么？

因为考试之前，为了补充体力，特别买了几瓶健康饮料，那饮料主要是氨基酸，我不习惯。至于主持节目长大包，是因为我在前一天晚上照镜子，看到脸上的粉刺，挤又没挤好，造成发炎。

我平常总挤痘子很少发炎，为什么偏偏那天出问题呢？

很简单，太在意了，没有平常心——

所以我说，要有平常心，你平常习惯怎样，考试前仍然保持那样。

我甚至建议你完全照平常的时间上床，即使早准备好了，也别因为想多睡几个小时而提早睡觉，因为太多的人得过这样的教训，碰上第二天有大事，早早上床，心情又紧张又不困，反而造成失眠。

妈妈在晚餐时也说过——

她学生时代，大考前不洗头，考试那天不穿新衣服新鞋子。

我在学生时代跟她一样，那也是一种维持平常心的方法。因为当你放太多的注意力在服装上面，或是穿了自己不习惯的衣服、鞋子，剪了不习惯的发型，会造成分心，反而会影响考试。

小时候，我有一次参加全台北市的演讲比赛，特别在那天穿了新衣服、新皮鞋，就差点出问题。

弯腰系鞋带时，裤裆咔嚓一声，裂了。等缝好裤子，匆匆出门，又发现那双皮鞋因为是新的，硬、打脚，走一步痛一下，造成我连上台都一拐一拐的。

你说，那不平常心，不是弄巧成拙吗？

经过大半辈子，我觉得越是碰上不平常的事，越要有平常心。

所以在动胆囊割除手术的前一天，我跟平常一样写文章、看书、看电视剧，跟平常一样时间上床。我每次出国前，也必定跟平常一样的时间睡觉、起床、打球。

我见太多了！许多人在出国旅行前，赶着安排未完的公事；上飞机前一夜，先赴应酬，大吃大喝，又装行李装到深夜，结果还没出国门，已经扭伤了腰，上飞机之后又开始泻肚子，加上出国之前休息不够，没几天就生病了。

越是将要面对不平常的情况，你越应该早早安排，把那不平常的负担，用前面充裕的时间去分散。就如同考试，你想能有平常心，就应该在平常早早准备；你想出国之前表现得从容，就应该早早规划；你想要穿新衣服出台，则应当早早就把衣服试穿一遍，甚至穿上鞋子里外走走，看看步子跨不跨得开？脚又会不会踩到裙角？

"平常心"要以"平常"来准备，而非临时抱佛脚。

"平常心"也是"心常平"，让你的心总保持在平静的状态，才能以不变应万变。

所以，只有平常就努力，平常就警醒的人，才有资格谈"平常心"。

选自刘墉先生作品《靠自己去成功》

打动常春藤

话不在多，要一言而中的，直指人心。

美国大学常请企业到校园办求才会，所以许多学生还没毕业，已经在会中被聘。就算没有合适的工作，也能在求才会里认识不同企业，计划自己的未来。

此外，许多美国大学还会教毕业生写履历表，连行数、字数都规定。我女儿就遵守学校教她的方法，硬把原先三页的履历删成一页。

我当时看到她"删减"的结果，大吃一惊。因为好多我和她妈妈引以为傲的履历都被她删了。我问她："你不是在那儿实习了三个多月，有薪水拿，主管还写了推荐函，这么棒的经验怎能不写呢？你以第一名由高中毕业，还代表致辞，为什么也没提？"

女儿的答案很简单："提了，别人反而不看。"

一大本，不如一两张

这使我想起一位美国大学入学部负责人说的，好多学生在申请的时候，连幼儿园的奖状都附上了，而且装成厚厚一大本。

问题是，入学部的人有多少时间哪？看到那重重一大箱，已经吓坏了。等到翻阅其中的资料，好几大本，该由哪本开始？反不如把最精彩的装在一个夹子里，让人一眼就能看清楚。

结果可能就因为资料交得太多，反而被扔在一边，到最后，被扔掉了！

只怪你写太多

我也有类似的感触：

常常收到读者的信，有的很简短，有的很冗长，有的极精美，甚至一字不苟地写上十几页。

你猜，我最先回谁？

我确实对那下笔万言的读者刮目相看，心想他花了多少时间"经营"这封信给我啊！他定是我的忠实粉丝。

问题是我没时间看哪！如果我每天把这样的信都读完，只怕没时间写作，以后也没粉丝了。

结果，我不得不把那些万言长信放进盒子，希望有一天有空能读，也可能最终留下遗憾。

从"尖子"到"异类"

没错！今天你的履历丰富，你过去的成就高，确实会引人注意。但每个人的时间一样，凭什么别人只能做十件事，你能做五十件事？当你把时间分成五十份，能比分成十份的"浓度"高吗？

不信你去打听常春藤盟校，他们是怎么收学生的。

几乎每个敢申请的都是"尖子"，小小年纪都有一番成就，他们选哪个？又怎么选？

入学审查是给点数的，譬如你得了英特尔奖给几点，你是某著名音乐学院先修班毕业的给几点，你全国会考得多少分给几点，你参加全国体育比赛名列前茅给几点，你曾担任校刊主编或学生会主席给几点，你长期从事社区服务给几点。

虽然有这些标准，但是当申请的太多，大家个个想尽办法"照方抓药"，这个参加击剑社，那个照顾艾滋病人，每份简历都密密麻麻，令人目不暇接的时候，小的就都不算数了！

你是第一名毕业，又如何？十个人有八个是第一名。你被认为是天才，又如何？每个人都自认是才子才女。

你参加多少科学夏令营，又如何？只要你功课好、交得起学费，不是都能参加吗？

你是出国交换学生，又如何？你们这一招，我们见多了！

结果那些列一大堆经历、成就的，因为密密麻麻，没时间看，再不然在一堆沙里找金子，明明有金子，却因为沙子太多，被忽略。

最后反而是只列几项杰出成就的被录取了。

还有一种，是异类，譬如：老爸是情报员，带着全家冒险；父母欠太多钱，从小跟着躲债；曾经迷失多年，终于浪子回头。

那些异类，用他们的自传，打动了入学部的人，却凭此中选。

自传会很长吗？不！自传通常限定字数，如果真写成长篇小说，只怕也会被扔到一边了。

长篇大论不如言简意赅

知识爆发、资讯无穷，每个人得以有限的时间消化无限的东西，所以长篇大论反不如言简意赅受欢迎。

最后说几个有意思的故事。

有位医学院毕业的女生，申请进入某著名医院做住院医师。"你为什么选耳鼻喉科？你认为你会比别人强吗？"

"我有兔唇。"女生指指自己，"动过七次手术，我只要给兔唇的父母看看我自己，他们就能获得鼓舞。"

她从几百位杰出的申请人中被录取了。

九个字，第一名

台湾地区办手机短信征文，有上万人参加。"爸爸，祝您母亲节快乐！"不过九个字，得到第一名。

两个字，被录取

美国某名校入学问卷："说说你这辈子做过的最冒险的事。"

"这个！"有位学生只填了两个字。

他被录取了！

人生百忌，忌啰唆！

话不在多，要一言而中的，直指人心。

选自刘墉先生作品《人生百忌②》

猪八戒，笨死的

不要觉得人性可悲，要谅解这就是人类的社会，
是有组织、有环节、有伦理、有往来的。

"你的程度比他强，你怎么可能考不上？"赵教授没好气地说，"这个电话我不能打，不是不愿意打，是没有必要打。"

"但他现在是总经理啊！听说最后都由他决定。"小赵急着说，又拉了拉妈妈的衣角。

"是啊！"赵太太赶紧挤到丈夫身边，"而且那个吴什么……"

"吴志勇。"

"对！吴志勇总经理，又是你的老学生，还来过咱们家，吃过我包的饺子呢！"看丈夫没反应，"好！你不打，我打，我不信他不给我这个师母面子。"

"你也不准打。"赵教授哗的一声，把报纸放下，沉声吼道，"我不信，以我儿子的才华，会考不上。"

"不用操心，不找吴志勇，找别人，妈自有路子。"赵太太没跟丈夫争，把小赵拉了出去，接着查电话簿，找到廖学海的号码，拨了过去。

"什么？老师的大儿子考我们公司，您怎么不早说呢？这有什么问题？我明天就去找吴总经理。"廖学海这学生真够意思，"师母您

放心，包在我身上。"

第二天，廖学海没上去说，先跑去调出了小赵的卷子，翻一翻，吓一跳，天哪！中英文俱佳，尤其是那个假设题，答得真圆满，想得真周到，廖学海自己的脸都红了，心想：别说比我小廖强了，连吴总经理也没小赵的程度啊！

满怀信心地冲上楼，跟王秘书打了个招呼，就进了吴总的办公室。"学长！学长！报告你一个好消息。"廖学海进门就喊，"赵教授的大儿子来考咱们公司了。"

"赵教授？"

"是啊！我们的企管教授啊！"

"他儿子这么大了？"吴总翻着桌上的文件，找出报考的名单，"他来考，我怎么不知道？"猛一抬头："你又是怎么知道的？"

"赵师母告诉我的。"廖学海兴奋地说，"你放心，咱们根本不必放水，他考得好极了，这种人才，我们求之不得呢！"

"噢！你都先看过了。"

"对！对！对！"廖学海趋前一步，"当然，还是要由学长决定。"

"你知道就好。"

第二天，第三天，第四天，廖学海每天跑去总经理办公室一趟，先是直接问吴总，看脸色不太好，后来就向王秘书打听："怎么样？老总批下来没有？"

"还没批下来！"每天晚上，廖学海都向师母这么报告。

第五天，还是没消息，站在老妈身边的小赵急了："可是，可是，我同学项国模说他已经接到录取通知书了。"

"有这回事吗？"电话两头的人都大吃一惊，廖学海更急了，"我明天亲自去找吴总问，他一定搞错了。说句实话，卷子我看过，赵小弟考得好极了，不可能考不上。"

"你又来问小赵的事了，对不对？"廖学海刚把门拉开一条缝，吴总经理就说话了，"你拿了赵师母什么好处？你不知道不能偷看考试卷吗？这是违规的。"

廖学海的脸一下子白了："我只是看，我可没有动半个字，人事部的人都在场，可以作证啊！"

"对不起！"吴总过来拍拍廖学海，"你也是公司的高级主管，越是主管越得守规矩，所以如果你非要向赵师母报告，就说'小赵犯了规，没考上'吧！"

你不可不知的人性

答案都在眼前了。想想，如果赵师母没打电话托小廖，小廖又没上去问吴总，以小赵的本事，会考不上吗？

他当然考得上，不但考得上，而且可能拿第一名；不但拿第一名，而且会特别受尊重。为什么？因为当公司上上下下，知道他是赵教授的公子，却完全没靠老子的关系，凭实力自己考上的时候，对他必定另眼相看。

可惜，这步棋走错了。错在师母不懂人性，小廖也不懂人性，更错在这种社会的人情。

中国人很妙，明明有实力，并且靠实力必定过关的事，总觉得再托个人，打个招呼，会更有把握。

岂知道，这招呼如果没打好，明明可以赢的，反而变成满盘皆输，而且输了都不知道怎么输的。

你想，廖学海真会去跟师母报告，只怪他去翻了试卷、犯了规吗？

话再说回来，小赵真是因为小廖犯规，而落榜吗？

让我再说个故事吧！

有位国宝级的画家，有一天老学生来访，看到老师宝刀未老，佳作频出，就建议：

"老师，您何不在某博物馆办个回顾展？"

"好啊！"老画家居然一口答应了。

学生也就跟廖学海一样，立刻跑去博物馆，找那同样是老画家学生的馆长。

能请这位十多年未开画展的国宝出来，对博物馆而言，是大好的消息。可是你猜，那馆长立刻同意了吗？

他跟吴总的反应一样，没同意。他压着，只当没听见这消息。

当有一天，老画家憋不住，自己打电话过去。那馆长却像触电一样，立刻飞车赶到老师的家里，进门就喊："哇！太好了！太好了！老师愿意出来办展览了。"

"那个谁谁谁不是早跟你提了吗？"老画家不解地问。

"谁？"馆长歪着头想，"他是来过，可是我不记得他说了啊，他倒说他自己想开画展呢。"然后大声笑起来："老师啊！您一个电话，不就成了吗？干吗要他来说？他算老几？！"

一个故事不够，再讲个我的亲身经历。

有个学校的训导主任在某场合遇到我，问我能不能去她学校演讲。

我是极少演讲的，主要是因为身体不好，很怕答应了学校，到时候却不能出席。所以我说："对不起！我不能早答应，除非是下礼拜，因为最近天气好，我不气喘。只是你们临时，恐怕安排不来。"

没想到，那训导主任回去就打电话给原来的演讲者，拜托人家改期，接着跟我敲定时间，并告诉了学生。然后，她跑去向校长报告这个不错的消息。

故事说到这儿，你也知道下面的结果了，对不对？如果你知道，表示你了解了人性。

果然，跟"吴总"和"馆长"一样，校长说："原来定好的演讲者，不能随便改，这已经上了行事历，对人家也不礼貌。"

于是，我接到了那训导主任"不知道怎么解说"的电话，又接到一大堆那学校学生抱怨的信。

学生抱怨谁？抱怨训导主任，因为那主任不敢说是校长不同意，只好自己吃了下来。

过了两个月，我又接到那学校邀请演讲的电话，你猜！谁打来的？

你一定猜对了——校长。

你不能没有的谅解

这就是人性！

什么叫走门路、托关系？托关系就是卖人情、卖面子。

面子卖给谁？卖给我最尊重的人，对我最有好处的人，有一天我有求的人。

如果吴总经理对小廖说"小赵考取了"，有一天，赵教授知道是小廖在"穿针引线"，他会感激谁？凭什么我吴总经理做主的事，要由那廖学海得"面子"？而且赵教授为什么不找我，去找那小廖！

同样的道理，如果博物馆馆长早早同意了，那老画家会感谢谁？当然是那传话的学生。他只怕还私下赏一幅好画呢！

再想想，当学生由训导主任那儿得到消息，高兴欢呼的时候，如果你是校长，你甚至还不知道发生了什么事，你会高兴吗？

由此可知，你托关系如果托不好，足以坏事。而且当来找你的人，他在办事伦理上没搞好，也会使你受害。

如果国宝级的画家自己不打电话，他不是受害了吗？他不单受害，还可能受辱——这么伟大的画家，主动要办展览，居然被打了回票。

不是受辱，是什么？

所幸，老画家打了电话。

于是，他没受辱，"辱"给了那传话的学生。如果老人昏聩，还可能因此以为学生没办好事情，只想借机图利他自己呢！

同样地，小廖受了辱、训导主任受了辱。谁要你们瞎揽事情，谁要你们自认为能干呢？

当学生们向主任三呼万岁，就像人民向打胜的将军三呼万岁，被皇帝听到，谁要倒霉？

所以，你不但不能随便托人，而且不能随意"揽事"。你要揽，就要揽得有技巧。

譬如，你是小廖，看小赵考得一定能过关，就私下向师母报告："我看了卷子，一定过关，不必托吴总了。"

于是师母会谢你，吴总不恨你。

又譬如学生去对馆长说："我看到老师画了不少好画，我是没敢提，提也没用，但我想，如果你打个电话，老师说不定会同意开个展览。"

结果事情办成，老师、馆长都高兴，都感谢这学生在中间牵线。

至于那位训导主任，她如果能回去向校长报告："今天我遇到某人，他难得出来演讲，但说下礼拜可以。我也看了下礼拜原定的演讲者，可以改时间。现在只要您的一句话了。"

你想，校长会不答应？又犯得着隔两个月再亲自打电话吗？尤其重要的是，校长会高兴这主任懂得工作伦理。

人类的社会就是如此——一环扣着一环。

仗打输了，明明打仗的是士兵，受罚的却是将领，甚至可能因此掉了脑袋。

同样地，仗打赢了，明明卖命死伤的是士兵，受赏的也是将领，这就叫"一将功成万骨枯"。

一个主管要做主，就要负责，就得背过，就得居功。

当然，有面子，也要由他来卖。因为今天他给别人一个面子，别人明天也会卖他一个面子，靠这利益交换，他才能往上爬。

回头想，今天你把好处给了他，他私下感谢你，你不是改天也有好处，能往上爬吗？

所以，不要觉得人性可悲，要谅解这就是人类的社会，是有组织、有环节、有伦理、有往来的。

你也要由前面故事中得到几点教训——

一、托错人足以坏事。

二、有实力就不要靠关系。

三、能自己直接打招呼，就不要求别人在中间传话。

四、没事别自己找事，免得到头来里外不是人。

选自刘墉先生作品《不可不知的人性》

理直气和

"理直气壮"不如"理直气和",
后者更见涵养、更有风度!

"小姐!你过来!你过来!"顾客高声喊,指着面前的杯子,满脸寒霜地说,"看看!你们的牛奶是坏的,把我一杯红茶都糟蹋了!"

"真对不起!"服务小姐赔不是地笑道,"我立刻给您换杯。"

新红茶很快就准备好了,碟边跟前一杯一样,放着新鲜的柠檬和牛乳。小姐轻轻放在顾客面前,又轻声地说:"是不是能建议您,如果放柠檬,就不要加牛奶,因为有时候柠檬酸会造成牛奶结块。"

顾客的脸,一下子红了,匆匆喝完茶,走出去。

有人笑问服务小姐:"明明是他土,你为什么不直说呢?他那么粗鲁地叫你,你为什么不还以一点颜色?"

"正因为他粗鲁,所以要用婉转的方法对待;正因为道理一说就明白,所以用不着大声!"小姐说,"理不直的人,常用'气壮'来压人。理直的人,要用'气和'来交朋友!"

每个人都点头笑了,对这餐馆增加了许多好感。往后的日子,他们每次见到这位服务小姐,都想到她"理直气和"的理论,也用他们的眼睛，证明这小姐的话有多么正确——

他们常看到，那位曾经粗鲁的客人，和颜悦色、轻声细气地与服务小姐寒暄。

"理直气壮"不如"理直气和"，后者更见涵养、更有风度！

选自刘墉先生作品《冲破人生的冰河》

反败为胜

能忍人所不能忍者，必能成人所不能成。

麦克为这两句话做了最好的注脚。

这是一个发生在美国新闻圈的真实故事，仿佛是个奇迹，却有它必然的因果：

麦克是电视记者，由于口齿清晰，相貌堂堂，反应又快，所以除了白天采访财经路线，晚上还播报七点半的黄金档。按说事业应该一帆风顺，却因为人不够圆融，而得罪了他的直接上司——新闻部主管。

"麦克报告新闻的风格奇特，不容易被一般观众接受，以后不准播黄金档，改报深夜十一点的收播新闻。"新闻部的主管突然在会议中宣布。

所有的人都怔住了，麦克当然更大吃一惊。他知道自己被贬了，但是极力镇定，甚至做成欣然接受的样子说："谢谢长官，因为我早盼望运用六点钟下班后的时间进修，却一直不敢提。"从此麦克果然每天一下班就跑去进修，并在十点多赶回公司，预备夜间新闻的播报工作。他把每篇新闻稿都先详细过目，充分消化，丝毫没有因为夜间新闻比较不重要，而有任何松懈。

渐渐地，夜间新闻的收视率提高了，观众的好评不断，而随着那些好评，观众也有了责难，为什么麦克只播深夜，不播晚间？一封封信寄到公司，终于惊动了总经理。

"麦克为什么只播十一点，却不播七点半？"总经理不高兴地把厚厚的信件摊在新闻部主管的面前。

"因为……他晚上六点钟以后有课，所以拒绝播报晚间新闻。"

"叫他尽快重回七点半的岗位，我下令他播晚间新闻。"

麦克被新闻部主管"请"回了黄金时段，并在不久之后获选为全国最受欢迎的电视记者。

"虽然麦克是学财经的，但是由他采访财经新闻容易产生弊端，以后改跑其他路线。"心中愤恨难平的新闻部主管，终于想出修理麦克的办法，并故意当众宣布，给他难堪。

对跑财经已颇有名气的麦克，这简直是当面的侮辱，不但蔑视他的专长，而且侮辱了他的人格。麦克怒火中烧，心在滴血，但是他强力压了下来。他知道只要自己爆发，就落入敌人的圈套，所以，他默默地承受了。

日子一天天过去。

"后天有财经首长来公司晚宴，请麦克作陪，比较有的谈。"某日总经理打电话给新闻部主管。

"报告总经理，麦克已不跑财经路线！"

"不跑也得来参加，他是专家，饭后由他做个访问。"

从此，每次有重要的财经界人士到公司去，都由麦克作陪，并顺便专访。渐渐外面的观众，甚至里面的同事，都耳语着：麦克现在是大牌了，只有要人才由他出马，不重要的，则全由别人接手。而每一位曾接受麦克采访的人，都以此为荣。没有麦克访问的，则有了怨言。

"不能厚此薄彼，以后财经一律由麦克跑，别人不要碰。"总经理终于下了令。

　　麦克被"请"回财经记者的位子。

　　电视界掀起了记者兼做益智节目的热潮，麦克获得十三家广告的支持，决定也开一个节目。

　　"我不准你做。"连吃两记闷棍的新闻部主管板下脸来对麦克说，"因为我打算要你制作一个新闻评论性的节目。"

　　"好极了！"虽然麦克知道新闻性的节目极不讨好，收入又微薄，仍欣然答应。

　　"你真是太笨了，这是主管在整你，把热山芋丢到你手上，钱既少，事又难，加上新闻性要赶时间，你麻烦大了！"麦克的亲友都提出警告，为他担心。

　　果然，第一集，中午才录完影，下午新闻部主管就认为内容不妥，不准播出。而节目的时段已定，使麦克疲于奔命地不得不赶做另一集来替代。但是他没有怨言，仍然做得十分带劲，有人说他傻，他也只是笑笑。

　　渐渐节目上了轨道，有了名声，参加者都是一时的要人。

　　"以后每一集脚本都请麦克直接拿来给我看！"总经理又下令给新闻部主管，"为了把握时间，由我来审核好了，有问题也好直接跟制作人商量！"其实真正的原因是总经理发觉上节目的常常都是重要官员，他必须亲自到门口迎接。

　　于是从此，麦克每周都有直接与总经理当面讨论的机会，许多新闻部门的兴革也往往征求他的意见，他由冷门节目的制作人，烫手山芋的持有者，渐渐成了热门人物。而且：

　　一年之后，他的节目获得了政府的颁奖。

　　两年后，原来的新闻部主管调职坐冷板凳，新任的主管上台，正是麦克。

　　麦克一次又一次地成功了，原因是当他遭受打击时，不论那是多么地无情、无理，他都能秉持对自己的信心与敬业的态度而默默承受。如果他自怨自艾，一蹶不振，或在一气之下拂袖而去，怎么可能雪耻，又怎么可能出头呢？

　　能忍人所不能忍者，必能成人所不能成。麦克为这两句话做了最好的注脚。

选自刘墉先生作品《点一盏心灯》

掌握时间，就是掌握生命

孩子赖床，常因为不敢面对今天。孩子迟睡，常因为今天过得不错。
问题是他们该起不起，该睡不睡，该快不快，该成功没有成功！

故事一

"快去睡觉了！已经深夜两点，还在搞什么？"

"我在做一份报告，明天最后一天！"

"不是上礼拜就开始做了吗？怎么还没弄完！"

"我要做得特别好！因为前一次得了 A++，老师特别夸奖，所
以这次要更好！"

看孩子这么求好心切，妈妈只好不说话了。

（第二天早上）

"怎么还不起床？要迟到了！"

"我不舒服！"

摸摸头，好好地说："是没睡够吧！不是生病！"

"我不敢上学！"

"为什么？"

"因为今天要考英文，我还没准备！考坏就麻烦了，不如在家读书，明天再去补考！"结果：没上学。结果：报告没准时交。结果：补考之后被扣分。

故事二

"春假这一个礼拜，你打算做什么？"

"跟同学看电影 *Back to the Future II*（《回到未来②》），去打几场球，给暑假国际营认识的朋友写几封信，温习两个礼拜之后可能考的东西，当然，还有家庭作业。"

母亲想想，……不错！有娱乐、有运动、有郊游、有功课，又有准备，是很好的假期计划！

（春假过后的一个星期天）

"妈！开车送我去图书馆！"

"有急事吗？"

"有！去借书，借《基度山恩仇记》！"明天要交读书报告——

结果：没借到书，因为同学们都去借这本书。

结果：去买一本，但是报告没写出来，因为书太厚，看不完！

结果：多拖了两天才写成，而下面碰到考试，全砸了！因为假期里念的，已经忘了一大半！

故事三

已经深夜一点钟。

"你在干什么？戴着耳机发愣？"妈妈问。

"我在等着听新闻快报！看看明天会不会下雪，下雪之后会不会停课！"

（二十分钟之后）

"你在浴室做什么？

"我在摘隐形眼镜，还有刷牙、洗脸！"

（十五分钟之后）

"你在做什么？已经一点半了！"

"我在放洗澡水！我在等水满！"

（三十分钟之后）

"你为什么还不关灯睡觉？已经两点多了！"

"我在收拾书包。"

结果：两点半钟才熄灯。

故事四

"咦？早就看他醒了，怎么还没出来？"母亲过去敲门。没反应，推开门，居然这小子穿好衣裳，却又缩回去睡。"怎么又睡了呢，昨天不是早早就上床了吗？"

"我只是想再躺一下！"说着用被蒙着头。

"混蛋！快点滚起来！"老子怒气冲冲地进来，"又不是睡得晚，为什么赖床？婆婆妈妈的！哪里像个男人？"说着就要动手捶人。

母亲把人挡住："就让他多睡一下好了！"

"他上礼拜出去旅行，怎么一大早不用人叫就起床了？还有在暑假国际营里，他不是起得比别人都早吗？"老子吼着，"为什么现在要赖床？"

结果：老子捶了儿子一拳，儿子态度恶劣地顶撞两句，父子两天没讲话，而且当天早上儿子又迟到了！

安排时间的比重并善用时间

以上四个情况，是每个家庭都可能经历的，也暴露了许多孩子的问题。

由故事我们发现孩子常犯一个毛病，就是不知道怎么分配时间。他们可能明天要考三科，却把大部分时间花在准备第一科上，等第一科读完，却已经晚到没时间和精力念剩下两科。

或是勉强念完，第二天却没精神上学。

他们也可能花不成比例的很多时间，去搞一样东西。问题是这一科的老师不会因为他这一次杰出的表现，就免除以后的功课。别的同学表现虽远不及他，但只要达到应有的水准，也能得到高分。他反倒因为误了其他功课，而在最后遭到挫败。

故事二看来似乎与故事一相同，实际问题出在：孩子不懂得分辨"大时间、小时间"、完整时间与零碎时间。

他们可能用大而完整的假期，做一些每件只需一两小时就能完成的事，却在小而零碎的时间，想要去做需时数日才能做成的"大题目"。这就好比，有了大笔钱却只知道买许多小电器、小摆设、度假游乐的人，到头来没有自己的房子住！

故事三所表现的，是不知道在同一时间做许多事。这种人往往只能单线地使用时间，他不懂得在等车时看杂志、在坐车时背英文单词，甚至在长途的车程中打个盹。如同故事中，那孩子明明可以一边摘眼镜，一面听收音机、等洗澡水，或边听收音机、等洗澡水，一边收书包。结果他却要一件件分开来做，浪费了两三倍的时间。

白日恐惧症

故事四中，我们需要探讨的则要复杂多了。

请不要认为年轻人起不来床，只是属于懒惰的表现，或单纯地因为前一天的睡眠不足。也不要认为孩子在遇到使他们兴奋的事情时，会自动早起，只是一种现实的表现。

实际年轻人赖床，往往潜在心理上，是不敢面对眼前的一天。老师压力、功课压力、同学压力、父母压力都可能是他的困扰。

正因此，当白天没有压力时，他们早上就比较容易起床。而那些爱赖床的年轻人，晚上往往特别兴奋，而不愿意睡觉。早上脾气不好，有所谓"起床气的人"，放学之后，也多半情绪很好。甚至只要他们背起书包，走出门，看到同学之后，就立刻表现得欣然。凡此，都是同样的道理，如同演员的舞台恐惧症，未上台前，能终日不安，等到真正上台，一下子恐惧全不见了。

孩子在从温暖的被窝和美好的梦境中醒来时，如同大人在长期的假日后，返回工作前一样有着沮丧期。所以当我们发现孩子突然有赖床的毛病，而并非睡眠不足或生理有病时，必须先去了解他们是否有精神上的压力，而加以疏导。但是这一疏导，并非让他们拖下去，或躲避下去，而是使他们能面对现实的挑战，否则他们不但现今有问题，成年之后，也可能有不能面对现实的表现。

我认为对爱赖床的孩子，了解、鼓励与鞭策应该一齐来！而对那些不懂得利用时间的年轻人，我们一方面要教导、分析使用时间的方法，一方面应该留些空间，让他们从错误当中得到教训，一方面更要观察，那些"拖"，是否也是因为"他们不敢面对现实"！

掌握时间，就是掌握生命，更是抓住现实！

选自刘墉先生作品《现代症候群》

你准备好发怒了吗

既会发怒，又难以被激怒。适时发怒，又适可而止。

以前看过几次成人在街头打架，印象最深刻的是——

两个人刚动手，就听见有东西在地上滚的声音，循声望去，原来是两只断了表带的手表。

也碰到过人们在餐馆一言不合，大打出手，妙的是，这个狠狠给那个一拳，那人倒在椅子上，椅子"咔嚓"一声，就断成了三截。

后来我常盯着自己的手表和椅子想：

看起来这表带挺结实，我丢球、做体操，它都不会掉。还有这椅子，两百磅的大胖子坐上去，也不会垮。为什么打架的时候，那么不禁用呢？

我想出的答案是：

它们都是为理性的人做的。理性时再结实的东西，碰到不理性的动作，都变得脆弱无比。

无伤害的发怒

问题是，人毕竟是人，是人就有情绪，有情绪就可能发怒。

去年秋天，我到挪威首都的"维格兰雕刻公园"去。数百尊雄伟壮观的雕塑，矗立在中央街道的两侧。公园的中心点，则是耸入天际的名作——《生命之柱》。

奇怪的是，居然有一大群旅客，围在一个不过三尺高的小铜像前。

那是一个跺脚捶胸、号啕大哭的娃娃，公园里最著名的《怒婴像》。

高举着双手，提起一只脚，仿佛正要狠狠踢下去。虽然只是个铜像，却生动得好像能听到他的声音、感觉到他的颤抖。

他是在发怒啊！为什么还这么可爱呢？

大概因为他是个小娃娃吧！被激发了本能，点燃了人类最原始的怒火。

谁能说自己绝不会发怒？只是谁在发怒的时候，能像这个娃娃，既宣泄了自己的情绪，又不造成伤害？

有原则的发怒

最近看了陈凯歌导演的《霸王别姬》和张艺谋导演的《活着》。两部电影都好极了，但是其中令我印象最深刻的，却都是发怒的情节。

在《霸王别姬》里，两个不成名的徒弟去看师父，师父很客气地招呼。但是当二人请师父教诲的时候，那原来笑容满面的老先生，居然立刻发怒，拿出"家法"，好好修理了两个听话的徒弟。

在《活着》这部电影中，当葛优饰演的败家子，把家产输光，债主找上门，要葛优的老父签字，把房子让出来抵债时，老先生很冷静地看着借据说："本来嘛！欠债还钱。"然后冷静地签了字，把偌大的产业让给了债主。事情办完，一转身，脸色突然变了，浑身颤抖地追打自己的不肖子。

两部电影里表现的老人，都发了怒。但都是在该发怒的时候动怒，也没有对外人发怒。那种克制与冷静，让人感觉到"剧力万钧"。

只是，这世上有几人，能把发怒的原则、对象和时间，分得如此清楚呢？

有理性的发怒

记得小时候，常听大人说，在联合国会议里，苏联的赫鲁晓夫，会用皮鞋敲桌子。

后来，我跟"外交部"的一位朋友谈到。他一笑，说："有没有脱鞋，我是不知道。只知道做外交虽然可以发怒，但一定是先想好，决定发怒，再发怒。也可以发表愤怒的文告，但是哪一篇文告不是在冷静的情况下写成的呢？所以办外交，正如古人所说，君子有所为，有所不为；君子有所怒，有所不怒。"

这倒使我想起，一篇有关二十世纪最伟大指挥家托斯卡尼尼的报道。

托斯卡尼尼脾气非常大，经常为一点点小毛病而暴跳咆哮，甚至把乐谱丢进垃圾桶。

但是，报道中说，有一次他指挥乐团演奏一位意大利作曲家的新作，乐队表现不好。托斯卡尼尼气得暴跳如雷，脸孔涨成猪肝色，举起乐谱要扔出去……

只是，手举起，又放下了。他知道那是全美国唯一的一份"总谱"，如果毁损，麻烦就大了。托斯卡尼尼居然把乐谱好好地放回谱架，再继续咆哮。

请问，托斯卡尼尼真在发怒吗？还是以"理性的怒"做了"表示"？

学习发怒与不发怒

想起一位刚自军中退伍的学生对我说的笑话：

一位团长满面通红地对脸色发白的营长发脾气；营长回去，又满面通红地对脸色发白的连长冒火；连长回到连上，再满脸通红地对脸色发白的排长训话……

说到这儿，学生一笑："我不知道他们的怒火，是真的，还是假的。"

"是真的，也是假的；当怒则怒，当服则服。"我说。

每次想到他说的画面，也让我想起电视上对日本企业的报道：

职员们进入公司之后，不论才气多高，都由基层做起，也先学习服从上面的领导。当公司出了大纰漏，一层层训下来，正像是军中一样。

报道中，也有企业界人士冬天去"打禅七"，以及"在街头呼喊"的画面。在冰寒的天气，一群人端正地坐着，稍不用心，就被戒尺狠狠抽在背上。

在熙来攘往的街头，一个人直挺挺地站着，不管人们奇异的眼光，大声呼喊各种"老师"规定的句子。

他们在学习忍耐，忍耐清苦与干扰，把个性磨平，将脸皮磨厚，然后——

他们在可发怒的时候，以严厉的声音训部属，也以不断鞠躬的方式听训话。怪不得美国人常说：

"在谈判桌上，你无法激怒他们，所以很难占日本人的便宜。"

既会发怒，又难以被激怒。适时发怒，又适可而止。这发怒的学问有多大！最重要的是，在学习用发怒表示立场之前，先应该学会，在人人都认为我们会发怒的时候，能稳住自己，不发怒。

选自刘墉先生作品《迎向开阔的人生》

尊重别人就是尊重自己

"自尊"与"尊重别人"其实是一件事，
因为你不能对别人表现尊重的时候，会被人看不起，也会伤到自尊。

最近有件很令我感动的事。有一天在台北我跟一位同学去停车场开车，刚进停车场，就看见一个年轻漂亮的小姐，拿着卫生纸正给她的狗擦屁股。因为画面太有意思，我就偷偷看，只见那小姐擦完，打开车门，先把刚才用完的卫生纸放进车里，再把狗抱上车。我的同学说："好恶心！"但是我说："好感动。"她把卫生纸放进车里，而不是扔在地上，令我感动。

这件事让我想起三十年前，在纽约中央车站，看见的一个相似的画面。一位穿着华丽的贵妇，趴在大厅中央的地上，当着旁边上千经过的人，用卫生纸擦她刚刚打翻的咖啡。纸不够，又到旁边的洗手间拿，回来继续擦。我对同行的朋友说："真丢人！"朋友却笑笑说："真令人尊重。"

尊重和自尊的关系很微妙：我儿子念中学的时候叛逆，我说什么他都不听；同样，因为我常看不惯他，所以他说什么我也不听。但是他说过两件事，我不但服气，而且难忘。

事情是这样的：有一天，我们看篮球转播。刘轩问我："你有没有发现投进球的人总是第一个反防？"我说："投进球的人，刚冲锋

167

陷阵，一定最累，而且可能最接近对方的底线，为什么还最先反防？"刘轩理直气壮地说："就因为他立了功啊！人有自尊的时候会更拼命！"我当时没答话，但是后来观察，他说得一点没错，投进球的球员确实常常反防得更快。

还有一天，在街上走，看见墙上被人涂得乱七八糟。我骂："真差劲！没公德！"

刘轩竟不以为然地说："你注意的话，就会发现他们乱涂乱画当中，也有一种公德。"我怔了一下，叫起来："有什么公德？"刘轩说："当然！你看，哪个涂鸦画得特别讲究、特别漂亮，别人就不会在上面再乱画，所以那些特别好的涂鸦能一直留在墙上，让大家欣赏。"

我当时也没吭气。可是后来发现他说得没错，在大片墙壁当中，你可能看见四周被涂了又涂，中间却留下幅最棒的，没人碰。每个涂鸦都躲着那张最棒的，使那张画好像成了众星拱月，特别突出。我儿子说得对——"为什么大家'让着他'？因为他画得好，下的功夫深，所以获得大家的尊重。"

"自尊"与"尊重别人"，是我们常挂在嘴上说的词，但是表现出来，却可能大不同。记得有一天朋友聚会，有人说笑话——老公下班回家，一进门就问他老婆："今天哪个男人来过了？"太太吓一跳："你怎么知道有男人来过？确实有人来，是修水管的工人。"那丈夫一笑说："我当然知道。我一眼就看出来了，因为抽水马桶的坐垫是翻上去的。"

讲完，大家都笑了。可是有位太太很不以为然地说："算了吧！这丈夫以为他聪明，其实不见得，因为只有没教养、不尊重女性的男人，才会在掀起马桶坐垫小便之后，不再放下来。"然后她看看四周的男士，指着每个人问："你们说，你们是不是不尊重女人？你们小便时，以为把坐垫掀起来就是有礼貌了，却从来不知道再把坐垫放下来！"

　　谈到厕所，也让我想起飞机上的洗手间，几乎每个盥洗盆前面都会有个小牌子写着：为了方便下一位乘客使用，请在洗手后将盥洗盆擦拭干净。

　　每次我在洗完手之后，先放水，擦干手，还得用纸细细擦拭盆子。如果擦手的是不吸水的人造纤维毛巾，有时候擦了十几圈，都擦不干。我不敢不擦，因为当我推开门，很可能有位旅客接着走进来，如果看到我好像没擦，不是会怨我不懂礼貌吗？

　　"自尊"与"尊重别人"其实是一件事，因为你不能对别人表现尊重的时候，会被人看不起，也会伤到自尊。譬如推门，不顾后面有人，把门一放，差点打到那人的鼻子，是不尊重别人。你吃自助餐，餐台上的龙虾只剩三块了，你暗自高兴地想：幸亏现在轮到我，要不然，就吃不到了。于是你一口气把三块全夹进盘子，却不顾后面还有长排等着的人。当你大摇大摆，端着三块龙虾离开的时候，是不是也显示了你的自私？同样的道理，中国人吃饭有规矩，不但大人没吃之前，晚辈不能先吃，而且晚辈只能夹最靠近自己的菜。不是说远处盘子的食物不能吃，而是一盘菜，当自己最爱吃的那块东西在盘子的另一边，不能去夹，只能夹靠近自己那一侧的，也可以说，你可以夹，但不能挑。各位有没有想过为什么？因为当你挑，把好的挑去，表示把不好的留给别人，甚至是留给长辈，非但显示自私，而且是对同桌人的不尊重。

　　"自尊"与"尊重别人"，更表现在"守时"这件事上。台湾著名导演李行讲过一个故事，令我印象深刻。

　　有个著名的男演员，耍大牌，常不守时。有一天拍戏，大伙全到了，独独不见那个男演员。导演说："等他！"二十分钟，三十分钟，一个钟头，导演、演员、摄影、灯光、场记、场务，大家全乖乖地等。

终于，那男演员到了。导演没骂他，但是也没开工，而是站起来，对所有的人说："好了！收工！"于是灯光灭了，大家全走了，留下那一个演员，呆呆地站在黑黑的场子中间。从此，那男演员再也不敢迟到。为什么？因为由他不尊重别人这件事上，伤害到了他的自尊。

我还记得一个画面，那是在一个丧礼当中，有人进门就大声地四处打招呼，发现大家反应都很冷，愣了一下，感觉四周的气氛静穆，突然整张脸都变得通红。

相信大家在图书馆之类的安静场合，也见过这种画面。当大家都安静，只有你一个人喧哗的时候，丢脸的一定是你。只是各位想想，你会不会在深夜旅馆的走廊或安静的街头，也曾经大声喧哗。你没觉得丢脸，也没觉得不安，因为除非那些被吵醒的人抗议，你不会知道自己破坏了别人的安宁。所以尊重别人，常不是公德，而是私德。从心灵处在乎别人的私德，常常比公德更重要。

选自刘墉先生作品《世说心语·成功篇》

关车门与优雅

|我们当然要培养有风度、有格局、能自制、有泱泱大风的下一代。

一九七八年我辞掉了在中国台湾的电视记者工作，应美国一个美术馆的邀请，去做驻馆艺术家。刚去的时候，每次坐美国朋友的车，下车常会看到奇怪的眼神。起先我不知道为什么，直到有天碰到一位比较心直口快的朋友问我："刚才你是不是有什么不高兴，是不是我说什么话，你误会了？"

我说："没有啊！"又问他："你为什么会问这个问题？"

美国朋友说："因为你刚才关车门很用力，我以为你不高兴。"

这时候我才搞懂，过去很多人奇怪的眼神都是因为我关车门太用力。说实话，我一点也没觉得，因为我在台湾同样关车门，而且从小我母亲也总叮嘱我，关车门用点力，确定门关紧了，免得摔出去受伤。但是，跟当年台湾的车子比起来，美国车子好得多，不太有车门关不紧的问题，自然他们对我关门很不适应。

到美国的第二年，我进研究所，在学校旁边租房子。有一天，我的房东跑来对我说："刘先生，麻烦您以后关水龙头小点力量，因为你用的水龙头，里面的橡皮垫特别容易坏。"

隔一下，他大概怕我多心，又跑来对我说："我发现你们亚洲来的留学生，关水龙头都用很大力气。其实我小时候也一样，因为我从罗马尼亚移民来，在我老家，水龙头老漏，非用力不可，我也是到美国才改的。"

再说个故事：

最近有个学生对我说，某餐厅真不错，他欣赏极了，还要请我去那里吃饭。

我说，他们有什么拿手菜吗？学生想了半天，答不上来。我就笑他："你连他们有什么好菜都说不上，为什么那么赞美他们？"

学生说："我发现他们不一样。他们是中餐厅，按说比西餐厅吵，可是去那里的客人都很安静，因为餐厅服务生会用很巧妙的方法教客人安静。"

原来，那餐厅服务生在你点菜的时候，会特别弯下腰，把脸凑过来，用很柔和的声音跟你说话，好像唯恐打扰到别人。当服务生这么做时，顾客自然就把声音放小了。

我那学生还讲，有一天餐厅一个服务人员打翻了盘子，老板立刻过去帮忙收拾，除了问他的职员有没有受伤，没半句怨言。清理完，还给每桌客人送上一份小点心，说因为刚才让大家受惊了。可见那餐厅多么有水平，又多么优雅，连不优雅的人进去，都变得含蓄了。

我说以上三个故事，是要告诉大家，如果有人怨我们中国人说话太大声，关水龙头和关车门太用力，应该知道那可能是因为我们的环境。尽管中国经济起飞了，有些过去的习惯，一时还是改不掉。而且说不定，今天在比较落后的地区，因为车子老旧，还是得用力关门才安全。如果水龙头是老式的，也必须用很大力气关才能不滴水。又因为环境比较吵，或大家都爱大声说话，不大声说听不清楚，时间久了，大嗓门自然成为习惯。

所以，今天如果有外来的观光客，进中国餐馆，不习惯我们说话太大声，或奇怪中国人关车门很用力，他们不应怪我们，而应该设身处地想想，如同我以前罗马尼亚裔的房东，会说他以前也一样狠狠用力地关水龙头。

只是，从另一个角度想，今天中国富裕了，我们是不是也该自己告诉自己，在公共场所可以说话小声一点，坐轿车的时候不必那么用力摔门？

而且，做老板的人，如果你的员工摔碎了东西，先问有没有人受伤，而别急着骂。因为人比东西重要啊！

说到这儿让我想到很多年前，有一回我到个落后的国家旅行，坐在船头，用录影机拍两岸的景色。

这时候划船的土著对我喊："小心！前面有急流，小心机器摔下去。"我笑着问他："你为什么不说我会掉下去呢？

那本地人倒有理，他说："你掉下去没关系，到下面自然会浮起来，机器掉下去，就麻烦了。"

我又问他："如果两个都掉下去，你先救谁？救我还是救机器？"您猜他怎么回答？他说："当然先捞机器，因为机器比人值钱！"

请别觉得匪夷所思，要知道在非常落后的国家，机器甚至耕牛，在人们心里的价值是惊人的。

同样的道理，如果外国观光客跟我们一起用餐，我们的孩子打翻了果汁，或砸碎了盘子，大家要先安慰孩子，安安静静地为孩子清理，向在座的客人表示歉意，而不是当众先给孩子两巴掌。

这些宽容，能让外宾刮目相看。因为它反映了我们对人的重视，反映了在众人面前控制情绪的能力，也反映了中国今天的富裕。

请别骂我这么说会把孩子惯坏。套句梁实秋先生的话，"谁说孩子是未来世界的主人翁，我们处处看见他们在做现在这个世界的主人翁"。

我们当然要对主人翁好！我们当然要培养有风度、有格局、能自制、有泱泱大风的下一代。

选自刘墉先生作品《世说心语·处世篇》

惜话如金

千万别在应该听别人说话或专心做事的时候，
在旁边啰啰唆唆。

去年十二月我在台北参加了一个医学座谈会，到场的都是名医。其中有位医生谈到他的一个同事，有一天晚上背痛，跑回自己医院急诊，才到就不疼了，请当班的同事检查，认为没什么大问题，就回家了。没想到第二天正吃早餐呢，突然胸口剧痛，因为心血管剥离，送到医院已经回天乏术了。

说到这儿，那位已经做大学副校长的医生突然当着几百位在场听众的面，哭了。他哭急诊室的医生第一次没能细细检查，更责怪那死去的医生，明明自己是专家，为什么还那么轻忽，甚至自己说自己应该只是扭伤、神经痛，使得给他检查的医师这么一听，也就没往严重的地方去想。

我有不少医界的朋友，所以对医生挺了解。我发现医生虽然会给病人诊治，却常常忽略自己。偏偏因为他们是专家，当他自己认为自己没事的时候，别的医生也容易放松戒备，心想你自己都不觉得怎么样，谁比你更知道自己，应该就没事吧！

譬如我有个医生朋友，有严重的糖尿病，有一阵子他打球的体力很差，我偷偷问他太太有没有发现，他太太说不清楚病情，又说她丈夫是医生，自己会照顾自己。还有一回，我问个医生朋友，除了建议过了五十岁的病人做直肠镜检查（如果发现息肉，立刻割除化验，就算是良性，三年之后也要再做直肠镜检查），自己有没有也按时检查？

你猜，我那医生朋友怎么答？他说他六十岁了，从来没做过，检查出来怎么办？

你千万别觉得不可思议，要知道人都有个毛病，就是怕身体检查发现问题，有的人因此不查，连该做的定期验血都不做。就算有了病征，去看医生，还可能有个潜在的心理，认为自己没病，也可以说他不愿面对自己的病，而且这心理可能包括医生在内都有。

说到这儿，进入了说话技巧的主题，也就是"少说废话"。千万别在应该听别人说话或专心做事的时候，在旁边啰啰唆唆。要知道，当你啰唆的时候，很可能影响别人的判断，失去听别人意见的机会，或造成对方的错误，结果损失的是自己。

就继续前面医生的话题，谈谈看病吧！

你知道有多少病人，明明去找医生看病，却从开始就自己在扮演医生吗？让我说个故事。

老王刚旅行回来，就觉得胸口疼，从在美国时起就如此，而且越来越严重，不得不去就医。按说他只要告诉医生他从什么时候开始疼、哪里不舒服、胸口怎么疼就成了，那老王却可能一见医生，先自己下判断：

"医生，我最近左边胸口老疼，不过是老毛病了。每次提重东西，尤其旅行提很重的行李之后，就会疼。我这次八成也是因为到美国旅行一路行李提上提下造成的。您给我开点止痛药就成！"

那医生心想这是老毛病了，再听一听、敲一敲，搞不好，医生一边听，那老王还一个劲儿地吹牛，说美国怎么好玩，迪士尼怎么精彩呢！结果明明应该做心电图，甚至戴二十四小时监测仪，到头来全没做，只给老王开点止痛和使肌肉松弛的药，就让老王回家了。

老王当然也很高兴，因为医生证实了他只是因为提太重的东西，拉伤了肌肉，根本就是老毛病。

岂知，老王才进家门，突然一捂胸口，倒地不起，心脏病发，死了。

请问，是谁害了老王？是他自己啊！谁让他不该说话的时候说话，影响了医生的判断！

有些东西你可以说，但不必先说。

譬如你要装修房子，找来设计师。既然他是专家，你应该先听他怎么说，而不是自己先讲：我觉得这个门可以改到那边，这里加个屏风，床头上面像旅馆一样，加几盏石英灯，地上用抛光的石英砖……

请问，你这一说，设计师还能发挥他的创意吗？你怎么不想想，因为他是专家，能提出你完全想不到的好点子，比你原先的构想好得多呢？如果再碰上个图省事的设计师，你怎么说，他怎么办，办得不好，反正是你的意思，你也不好不接受。到头来，请问，是他做设计师，还是你做设计师？如果都由你做了，连材料都自己想好了，你又何必付那么多设计费？

不必说的时候先说，是人们的通病，你可能知道当人数钞票的时候，千万别去打扰，却可能在银行职员给你填表格，或医生给你开药单的时候，一个劲儿地跟他说话，如果金额弄错了、账号写错了、药开错了，你要怪谁？

所以无论看病、装修、上银行、找律师……都要懂得有些话得先憋着。

不是不说，而是等该说的时候才说。

选自刘墉先生作品《世说心语·处世篇》

四肢发达，头脑灵光

青春期的孩子常有抑郁的倾向，运动能增加脑里的"血清素"，

能让他们比较快乐。加上运动增加了红细胞带氧的能力，

不但体力好，脑力也会进步。

当这两项都获得改善，读书的效果当然大大不同。

　　一开始，请读一个真实感人的故事。三十多年以前，当我第一次去伦敦的时候，住在当地一位陈姓的侨领家里。他们的独生子是剑桥毕业的，而且娶了英国皇室的贵族女孩。不幸的是，结婚不久，他就在登南美洲安第斯山的时候失足丧生。

　　知道那个悲剧，我试着不去碰触这方面的问题，以免勾起他们的伤痛，但是我才去的第二天，陈夫人就拉着我走到门前橱柜，伸手到很深的地方，掏出一个小相框，里面是一个英俊的大男孩坐在山头的照片。侨领的太太说："这是我儿子！怕老头看到伤心，所以藏起来。"接着把照片藏回柜子深处，出门了。

　　她才离开，老先生又出来，把我叫到那柜子南面，伸手进去，把相框拿出来，说："这是我儿子，我太太怕我看到会伤心藏在这儿，其实我常拿出来看。死都死了，只能接受。"

　　当时我不是太妥当地问他："您会不会后悔让他去爬山？"

　　老先生一怔，露出很奇怪的表情。"为什么后悔？登山是很好的

179

运动，我年轻的时候就爱爬山，如果人生能够重来，我还是会让他去，否则怎么能算年轻人？"

他的这段话，让我很惊讶，因为当时在台湾地区，常常一发生山难，就有人主张封山不准登山客上去，甚至听说有学校郊游出车祸，很多学校也会因此取消郊游的活动。

"爬山和郊游算什么？只是出去玩，还耽误了功课，不去正好！留在家里读书。"似乎当年很多家长老师都这么想。

可不是吗？中国虽然在很早以前已经讲求所谓"六艺"，即"礼、乐、射、御、书、数"，其中的射箭和骑马都是体育活动，但是骨子里，人们似乎不怎么认为体育重要，甚至会说"四肢发达，头脑简单"。

连我太太担任美国大学入学部主任的时候，都还受这种观念的影响，常听她回家抱怨，体育组的人又去向她求情，准许成绩差一点的篮球高手入学。其实何止中国人如此，不少美国人也有重文轻武，重视读书、忽视体育的心理。记得我女儿上高中的时候，有一年听说毕业班有两个人进入哈佛，其中一个是平均九十八分的第一名，第二个不知是谁，打听半天才发现居然是平均只有九十分的一个游泳队员。当九十五分的学生都被哈佛打回票的时候，那九十分的学生却被录取了。记得当时好多学生觉得不太公平。可是后来大家改变了观念，因为知道那个学生每天下课要练游泳四五个钟头，常常回家已经是晚上七八点，又累又饿地躺在床上就睡着了，睡一半醒来，还得撑着去吃饭读书做功课到一两点。多数毅力不够的运动员都半路放弃了，只有他非但撑下来，而且有杰出的表现。怪不得一位美国名校入学部的人说，别以为运动员成绩差，如果他们用运动的精力和毅力去读书，表现绝对会很好。也有好几位美国企业界的朋友对我说，他们很喜欢用运动员出身的职员，因为那些人不但体力好、反应快，而且多半做事很积极。

运动跟读书的关系真耐人寻味。我认识一个女生，在学校功课很不怎么样，上课总打瞌睡，睡到老师都懒得纠正她了。可是高二那年，不知怎么进了学校的"热舞社"，一下子迷上热门舞蹈，不但在学校跳，还在外面找老师学，碰上假日都在外面蹦。女生的家长很操心，心想那孩子的功课一定雪上加霜，没想到她虽然每个假日出去连疯两天，回家已经是星期天晚上了，却动作奇快地把功课做完，成绩不但没退步，还越来越进步，跟全校的第一名一起进入美国的同一所有名的大学。

我后来常想，是因为运动激发了那女生的活力，还是运动改善了她读书的效果。那女生的妈妈说得好，她猜想平常女儿懒洋洋地窝在房里，表面是读书，其实都在做白日梦，再不然有抑郁症，所以总提不起精神。学了热门舞蹈之后，蹦一蹦，抑郁症好了；加上怕成绩不好，父母不准她出去继续跳舞，于是很专心读书，使成绩大进步。

她说得一点都没错。青春期的孩子常有抑郁的倾向，运动能增加脑里的"血清素"，能让他们比较快乐。加上运动增加了红细胞带氧的能力，不但体力好，脑力也会进步。当这两项都获得改善，读书的效果当然大大不同。

今天这个时代，需要的反应和速度远远超过以前，今天退休的年龄也不断延后。以前年过半百，好些有钱人已经由丫鬟扶着过门槛，人生七十已经古来稀了！今天却可能年过七十还在第一线竞选总统。面对这样的环境和挑战，能没有强健的体魄吗？

对的，"强健的体魄"！如同我今天一开始提到的那位侨领所说，"如果连山都不敢爬，还算得上年轻人吗？人生最大的冒险是不敢冒险"。如果我们年轻人从小受到的教育是体育不重要、运动是浪费时间，为了考试，体育课都该改为数学、英文，而且有一点危险就躲开，不必冒险犯难，这样教出的孩子未来能有担当，又能以国家兴亡为己任吗？

　　动物！动物！人是动物，不动就成了"物"。感动！感动！有感就要动，越动越有灵感。

　　对我熟悉的读者或许知道，我年轻时也总是攀岩登山，好几次差点摔下山谷。十七岁那年，有一天我爬山迷路，入夜了，又下起倾盆大雨，好不容易摸出山，回家已经是深夜，居然精神很好，画成一张《雨中飞瀑》。十七岁少年画的，却是我一生少有的好作品。

　　为什么？因为有运动之后的精神、登山之后的魄力和雨中的感动。我至今感谢我母亲，那时没阻止我去登山。

　　　　　　　　　　选自刘墉先生作品《世说心语·教育篇》

幽默感

年轻人！你说，这幽默感是什么？
它是面对不同环境的乐观态度！

今天看电视时，当我发现你居然说得出每个演员的名字，甚至连他们的家庭生活也知之甚详的时候，开玩笑地问你："喂！请问布鲁克·雷德丝的电话几号？"

你居然反问："对不起，爸爸！我不知道，但打听很久了，你知道吗？快告诉我！"

我大笑了起来，惊讶地发现，你居然有了幽默感。

"有幽默感。"这句话在中国或许并不重要，却是西方社会对人极高的赞赏，因为他不仅表示了，受赞美者的随和、可亲，能为严肃凝滞的气氛带来活力，更显示了高度的智慧、自信与适应环境的能力。

幽默像是击石产生的火花，是瞬间的灵思，所以必要有高度的反应能力与机智，才能说出幽默的语句，那语言可能化解尴尬的场面，也可能于谈笑间有警世的作用，更可能作为不露骨的自卫与反击。

譬如在议会里发生了老议员以拐杖打人的事，有人提议进场者应该把拐杖挂在门口，这时议长若是接受而诉诸表决，无论结果如何，总是不愉快，幸而他急中生智，笑着说："如果为了防止不正当的动作，就须把拐杖挂在议场门口，那嘴也该挂在门口，手脚也该摆在保

183

管处。"引得全场大笑，提议者也在莞尔的情况下，解决了尴尬的场面。

又譬如伏尔泰总是赞赏某人的作品，某人却总是刻薄地批评伏尔泰，当人向伏尔泰说出这件事时，他只是一笑："我们双方都弄错了。"不过短短几个字，既幽默地解决了尴尬的场面，又做了有力的反击。

我还听过一个故事：美国工人到俄国工厂参观，看到停车场上的轿车，便问那些轿车是谁的。俄国工人回答："工厂是我们工人的，轿车是上面的。"随之反问美国工人，美国工人幽默地说："我们没有你们走运，工厂是上面的，轿车是我们工人的。"两句话的对比，却有了深刻讽刺的意义。

但是我必须强调，幽默并不是讽刺，它或许带有温和的嘲讽，却不刺伤人；它可能是以别人，也可以用自己为对象。而在这当中，便显示了幽默者与被幽默者的胸襟与自信。

我曾经看过一个秃头者，在别人对他的秃发幽默时，当场变了脸，这可能因为对方幽默不得体，刺伤了他，更可能是因为他原本对秃头有极大的自卑。

相反地，我也见过一位秃头的报纸主编，当别人笑称他聪明透顶时，居然笑答："你小观我也，早就聪明。绝顶了！"你想，若不是他有相当的自信，又怎么可能将就别人的话，幽自己一默呢？

所以，越是开放而富裕的社会，人们越富有幽默感；越是闭锁的环境，越难让幽默存在。

不存在的原因，不是人们没有这份智慧，而是没有这份胸襟；不是因为人们有过强的自尊，而是因为色厉内荏的自卑。一个幽默者最重要的条件是圆满健全的人格。

1981年3月30日，当里根总统被刺时，白宫新闻秘书詹姆斯·布莱狄更是受到了重伤，子弹从他的前额射入，血流满面仆倒在地，当时许多新闻机构都报道了他死亡的消息，因为没有人能相信，大脑受此重创的人还能活命。

　　但是，年轻人！就在今天，1987 年的 11 月，我看到电视中的报道，詹姆斯不但已经逐步克服了半边大脑受损的行动不便，骑马与妻子出游，而且一如往日地幽默。访问中，我印象最深的，是他说：

　　"幽默感，使我能撑下来。厄运是会打击我，但它打不到幽默感的那种深度！"

　　年轻人！你说，这幽默感是什么？

　　它是面对不同环境的乐观态度！

选自刘墉先生作品《超越自己》

据理力争

露出开朗的笑容！

或许你会发现那老师明天也会对你这个不平凡的学生笑了！

这两天看你的神色不对，猜想一定是在学校有了什么麻烦，而当你在我的逼问之下，说是因为跟新的英文老师辩论评分方法，老师词穷之后，似乎对你不高兴，而不太理会你，甚至当你有疑问举手都装作没看到时，我不得不说："好极了！年轻人，我支持你！"

相信你十分惊讶于我这个看似老古板的人，会有如此表示。但是你要知道，向一切不合理事务抗争到底，为维护真理绝不屈服，也是我从来的处世态度，我相信这种精神，是民主社会人人都应该有的，而对于自己信仰和真理的坚持，更是每个成功者必须具备的条件。请愿可以成功，但那成功必不够伟大；狂进的人可能失败，但那失败往往壮烈。所以只要你的态度和缓，是有风度的君子之争，即使是向权威不可侵犯的老师争，我也支持。

记得我在高中时，虽然考试成绩不错、作业也极佳，一个数学老师却以我经常去办校刊，或代表学校外出参加比赛，以致上课缺席为由，给我很低的分数。当时我甚至气得想把实验解剖的青蛙，放到她的抽屉里。

当我进入师大美术系的第一天，看见教室后面挂着一幅相当好的作品，问教授那张画在系展中得了第几名时，教授说画是可以得第一，但因为这个学生总是逃课，所以给他第二。

我曾立刻表示，如果比赛只是就作品来论，画得好就应该给他第一，当场使教授不太高兴。

当我初来美国，有一次在南方坐长途客运车，位子被划在最后面，上车却发现前面有许多空位时，曾立刻去售票处询问，是不是因为种族歧视，把我这个黄种人放到厕所旁边，于是获得了前面的位子。

当我暑假回国发现我们住的大楼在管理上有许多不合理处时，曾立刻邀集了两位住户，分别拜访一百多家，举行了管理委员会的成立大会。而其间遭遇到许许多多的阻力，甚至同楼住的亲戚都坚决反对，认为我多管闲事。

正如你所说，老师评分方法不公平，虽然同学们都不服，却不敢说，只有你提出来，并逐项与老师辩论。随着年龄的增长，你会发现有道德的人不少，但是有道德勇气的人不多，问题是如果没有人敢挺身出来抗争，不公的永远不公，委屈的永远委屈。所以我自己是，我也支持你作为一个有风度的抗争者。

在此你要注意，我说有风度的抗争者，那"风度"是其中极重要的两个字。当我们看美国总统大选辩论时，评论员往往把辩论者是否从头到尾面带笑容这件事列为优先，也就是说，即使在你激动而义正词严的时候，也要保持自己内心思路的清晰冷静，即应该对事不对人，尊重那与你抗争的人。因为你争的是理，不是去毁损对方的人格。

当然我也必须告诉你，作为一个带头的抗争者，往往也是最早牺牲的。我曾经在学校里因为跟两位教授辩论而失去做全 A 毕业生的机会，也曾经被"死当"而几乎无法毕业。我也是小学时班上两个被美术老师打手心的学生之一。但是我并不恨他们，因为如果我自己理直，他们没有风度接受，是他们的错；如果我理屈，则我自己应该反省。在强烈的抗争之后，冷静地思考一下，作为改进或激励自己的一种方法，总是会有收获的。而我自己今天做教授，常被学生气得里面冒火，却不得不压下来，并回家自己思索，何尝不是由学生时代的经历中，作为换一个人设身处地的想法。

我自己绝不会因为学生为理辩争而扣那个学生的分数。我可能一时不高兴，但不会一直不高兴，尤其是当我知道学生是对的时候，反而感谢他的指正，甚至佩服他的勇敢。我确实可能不喜欢他，但却欣赏他，更知道在未来的茫茫人海中，放出异彩的，往往不是班上的书呆子，却是这种具有风骨与胆识的人。

所以只要你能心存恭敬，以学生应有的礼貌，举出自己坚信的道理，据理力争，就算这一科"死当"，我也为你竖起大拇指，并希望你由愤懑不平中，激发力量，未来在这覆没的一科中有出人的成就。至于如果因为老师不讲理，而使你意兴阑珊、放弃努力，你只会成为一个真正的失败者。

露出开朗的笑容！

或许你会发现那老师明天也会对你这个不平凡的学生笑了！

选自刘墉先生作品《超越自己》

气质与风采

气质与风采，除了天生的之外，更要靠自我的训练与充实，
虽然它很抽象而难以把握，却可能是你成功的要件。

我相信你必定听过这么一则童话：

一个女孩子到民家投宿，自称是落难的公主。为了验证她的话，
主人故意在十几层的床垫下面，偷偷放了一颗豌豆，第二天问女孩睡
得如何，女孩子满脸倦容地说："糟透了！虽然床够软，但总觉得下
面有东西硌得我不舒服。"主人因此而确定了女孩子的公主身份。

你或许也听过：

以前当土匪绑架，而不能确定人质家里的经济情况时，常送一条
鱼给他吃，并偷偷观察，如果人质由鱼头开始吃，便显示他家里有钱，
可以多勒索些赎金。

再告诉你一个我亲身经历的事：

有一次我到第五街的电器行买东西，店员居然一见面就说："你
必定是艺术家或工程师。"我当时一怔，问他凭什么如此判断。

店员笑着说："凭你带的笔！一个人在同一件衣服的口袋里，带
两支同样的铅笔，绝对有他的道理！"

　　由此可知，我们不经意的小动作，或随身的佩戴、服饰，常能反映出我们的生活背景。许多算命先生，并非真有洞察人过去的本事，而是凭这种敏锐的观察力，从小处来推断。

　　现代更有所谓行为语言的研究，从人的一举一动，来了解他心里的感觉。譬如当一个人在听你讲话时，不断用手摸自己的后颈，表示他已经不耐。当一个人总是将手背在身后与人交谈时，则显示出他有强烈的自信。相对地，也就有人根据这种分析，而试着以身体的动作，暗示对方自己的感觉，或表现个人的气质与风采。

　　这也就是我今天要跟你讨论的——气质与风采。

　　这种东西非常抽象，如前面所说，它可以是计划、模仿出来的、后天陶冶出来的，也可以是先天就具有的一种气质。

　　据说古罗马有个皇帝，常派人观察那些第二天就要被送上竞技场与猛兽空手搏斗的死刑犯，看他们在等死的前一夜有怎样的表现。如果发现惶惶凄凄的犯人中，居然有能够呼呼大睡、面不改色的人，便偷偷在第二天早上将他释放，训练成带军的猛将。

　　据说中国有个皇帝，总在接见新晋的臣子时，故意叫他们在外面等待，迟迟不予理睬，再偷偷看这些人的表现，并对那悠然自若、毫无焦躁之容的臣子刮目相看。

　　甚至那些养鸟的行家，在选鸟的时候，都会故意去惊吓它们，绝不取那稍受一点惊，就扑扑拍翅、乱成一团的鸟。

　　前面三个例子中的强者，很可能是天生就有较强的稳定性或忍耐力。但换个角度来想，如果一个人从小就受坚忍的训练，一只鸟从小就常往人群里带，是不是也可能有较佳的表现呢？

　　美国总统约翰·肯尼迪的父亲，为了让儿子见识场面，曾经专程带着约翰·肯尼迪飞到巴黎去参加一个交际盛会。因为他不仅要求孩子有好的餐桌礼节、懂得如何与人寒暄，更希望约翰·肯尼迪有风采、有格局！所以有人说：老肯尼迪是从孩子小时候，就训练他做总统。

✿

或许你要说那是贵族生活，我有阶级观念。那么让我们来看看日本企业界，那些平凡的职员吧！

许多日本公司，在每年冬天的时候，都送他们的员工到寺庙里接受戒律的生活。受训期间，学员要忍受没有暖炉的苦寒，夜里不准躺着睡觉，坐禅时稍有不专心，就要以戒板抽打背部，且不许喊痛。也就因此，他们能忍别人所不能忍，专注于别人所不易专注，而在国际商业舞台上有杰出的表现。这样看，后天的训练不是非常有用吗？

说了这许多故事，目的不是教你学那公主或富家子的骄奢，而是希望你由这些例子中得知：一个人的风采、气度、格局、职业，甚至领袖气质、大将风范，常可以由小动作中表现出来。

气质与风采，除了天生的之外，更要靠自我的训练与充实，虽然它很抽象而难以把握，却可能是你成功的要件。

选自刘墉先生作品《创造自己》

Chapter ⑤

不该犯的错不犯

我们可以转身，但是不必回头，即使有一天，
发现自己错了，也应该转身，大步朝着对的方向去，
而不是一直回头怨自己错了。

不要喧宾夺主

别人十目看不了一行，聪明人一目十行；
别人还猜呢，聪明人早看懂了。

"落霞与孤鹜齐飞，秋水共长天一色。"

这是王勃在《滕王阁序》里的名句，相信大家都读过。据说王勃当时是到交趾去省亲，经过江西南昌，应地方官员阎伯屿的邀请，参加滕王阁上的宴会。

那天阎大人早有准备，是要秀一秀他女婿的才华，所以前一天偷偷叫他女婿先打草稿，写篇《滕王阁序》，到时候再装作临时出题，别人没准备，他女婿好好准备了，当然能技惊四座。

没想到当这位阎大人拿出笔墨，装样子问宾客有谁愿意的时候，大家都谦让，只有王勃不客气，居然把笔接过来就写。这下子阎大人火了，但火在心里，想这小伙子，真不识好歹，倒要看你耍些什么。直到王勃写出"落霞与孤鹜齐飞，秋水共长天一色"，才大为佩服。

可惜没过多久，王勃溺水，淹死了。一代才子，才活了二十七岁。

我常发奇想，想这王勃是不是被人推下水害死的。会不会是那阎大人派人下的毒手？

为什么？因为王勃太不懂事了，明明是阎大人想叫他的女婿秀一秀，王勃怎么能喧宾夺主呢？就算他本事大，也不能这么不聪明啊！

　　只是话说回来，聪明人常做这类不聪明的事：别人十目看不了一行，聪明人一目十行；别人还猜呢，聪明人早看懂了。就好像有些天才学生，考卷才发下来不久，别人还在头痛的时候，他已经把卷子写完，大摇大摆出去了。搞不好还在外面吹口哨！你说这种人是不是容易遭同学忌妒？

　　所以郑板桥说"聪明难、糊涂难，由聪明转入糊涂更难"。越是聪明越要懂得韬光养晦。越是一脸聪明相的人，越要懂得怎么遮掩自己的聪明，免得别人由妒生恨。

　　聪明人尤其要避免爱出风头和快人快语的毛病，有时候为了把光芒让给人，聪明人甚至得大智若愚，装笨！

　　举个例子吧！我有位小学女同学，夫妻都是某大学电机系毕业的，太太在私人公司任职，丈夫在公家机构工作。有一天，丈夫陪他的主管到太太的公司参观，只见那主管一个劲儿地装内行，发表一知半解的高论，有时候真不懂了，才回头问下属。我那同学的丈夫明明应该都懂，却要想半天，才答出一点。

　　当天晚上，丈夫才进门，太太就火了，说："我原本以为今天碰上你的老本行，你会好好表现一番，让我在同事面前很有面子，可你是怎么搞的？你脑袋坏了？把以前学的忘了，还是怯场？"

　　那丈夫笑，说："我这是聪明。因为主管自认为是行家，我不能多表现。"果然，没过多久，那主管另有高就，推荐了我那同学的丈夫。又隔不久，那丈夫再到他太太的公司参观，就突然变成十足的专家了。

　　请问各位，我女同学的老公，是糊涂还是聪明？

　　要知道，这世界上有多少副手比那正手强得多，只是懂得让一步，让他的长官去表现，直到最关键的时候才出手。我们常说"不是不报，时候未到"，在这儿可以改成"不是不秀，时候未到"。各位初入社会的朋友千万要懂得这点。

或许有人说这些都跟自己无关，自己只是小女生，家庭主妇，那么让我再讲几个最最平常的例子。

如果你是美女，你最要好的姐妹要结婚，你是伴娘的第一人选。她来请你，你接不接？接，你可能太美丽，艳光盖了她，哪个新娘会希望自己变成配角呢？

不接，你又不够朋友。这时候就看你了，你可以先注意观察那新娘子是基于礼貌而先请你，还是非你不可。

另外，如果你当伴娘，千万别挑太过耀眼的礼服。让新娘穿得特华丽，而你穿得很保守，你这样做，新娘一定会点滴在心。

再举个例子，如果你去吃朋友儿孙的满月酒，一屋子宾客，有不少久未见面的老朋友，你千万别忍不住地打开皮包，把你那得意的小照相本掏出来，或拿起照相手机，秀你宝贝儿孙的照片。

换作你是当天摆满月酒的主人，会高兴看到一群你请的宾客围成另一圈，看别人儿孙的照片，让别人出风头吗？

甚至在吃饭或开会的时候，你都得弄清楚主角。一定要让那当天的主客坐上位，把谈话的焦点放到主人和主客的身上。至于开会的时候，你如果有不少好点子，不要全说是自己想的，也要照顾一下别人。

譬如你可以说由于某某同事有天提到什么，使自己想到可以如何如何，这都多亏他的提醒。你也可以把你前面发言的人的话带进来，附和几句，别把风头一个人出尽了。你要想想，只得到一个长官的赞赏，却失去下面一堆同事，值不值？

选自刘墉先生作品《世说心语·处世篇》

做好好人好事

你可以不行善，但是千万别在他人行善时冷言冷语。

我有位朋友，大学刚毕业的时候因为找不到工作，只好去一家货运公司上班，每天天不亮，就由台湾最北边的基隆，押车一路开往南边的高雄。

才上班不久，他就来对我说，每天坐在前面副驾驶的位子，看到不少车祸。最令他不安的是，常在天刚亮的时候，发现公路上躺着人，多半是夜里骑摩托车疾驶的，因为没看见路上的坑洞翻车。只见人躺在路上，车子倒在一边，有时候人还在流血，伸着手求救。

"你救了几个？"我问。

"一个也没救！"他摊摊手，"司机说了，如果我们下去救，会被受伤的人诬赖，是我们害了他，麻烦可就大了。所以每次车子都小心地绕过躺在路中间的人，而且可以看见前前后后，别的车子也一样，没人敢下去救。"

才听他讲完不久，就看到电视新闻说有钓客坠海，附近的渔民明明看见了，却没人去救。

记者还解说，因为当地的渔民有个迷信，就是水里的冤魂拉那个人做替死鬼，如果渔民下去救了那人，得罪了水鬼，下次就会抓救人的人。

好人难做？

再说个我的亲身经历，二十二年前的十月某日，我去台北近郊六张犁为父亲扫墓，下山时看见一个孩子躺在血泊中，旁边是一辆扭曲的自行车。显然他顽皮，从山上顺坡往下冲，撞到山边的大石头而受伤。

当时有好多人站在四周你一言我一语，却没人去救，我马上下山打了紧急救助的电话，但是隔了半天，都没见救护车来。我跑回失事现场，看见一个年轻妇人去抱那孩子，却抱不动，我赶紧冲上去把孩子接过，问旁边停着的出租车能不能载去医院，司机犹豫几秒钟，答应了，却听见有人喊："不要冒险，会倒霉的！"原来是那司机的岳母。所幸司机没听，让我把满身满脸鲜血的孩子抱上车，开往附近的医院。

我冲进医院呼救，里面一个工作人员一边招呼担架，一边对我说："你是救他的人吧？你麻烦了！他会怪是你害他。"

跟着，我染了满身鲜血地跑回家，邻居问出了什么事，居然也说："做好人小心惹麻烦哟！"

慈善不慈善？

同样的情况，几年前我在网上看见似乎上海有个年轻人，救助一位摔伤的老婆婆去医院，后来被老婆婆诬赖是他害的。接着好多网友议论，说从此再也不敢做好事了。

最近又听说大陆有个年轻女子（好像是，又好像不是跟慈善团体有关），大秀自己的奢华，造成一堆人围剿调查。也接着看到很多人反映，从此不信任慈善团体，因为慈善团体都是敛财的。连我上个月去大陆，都有朋友说，大陆的公益团体因此收入大减。

只是，我立刻想到南亚海啸的时候，我有位好朋友捐了许多钱。有人讲当地政府腐败，只怕外面人捐十块钱，到灾民手里只有一块钱。

我那朋友只淡淡一笑地说："毕竟还有十分之一到灾民的手里，如果我们都拿这个当借口，不捐了，他们不是十分之一也拿不到吗？"

喜舍！喜舍！

人们不行善倒也罢了，最糟糕的莫过于找借口不行善，甚至阻人为善。深究起来这有种心理：是别人捐款，自己没捐，面子挂不住，知道了这样的内幕，正好可以当作托词，意思是捐也白捐，甚至有"我才不当冤大头、不当傻子"的味道。

这种心理难免，而且捐钱并非义务，也不一定人人有能力。只是如果那借口说多了，一个传一个、众口铄金，好比前面那货运司机和海上渔民说的，甚至成为一种迷信，变成一种口号，就麻烦大了。

换个角度想：

"喜舍！喜舍！"舍的时候要欢喜。为此，我曾经对义卖会上，主持人指着宾客，半强迫地要对方捐钱的做法表示反对。因为那样常常捐的人不情不愿，回去还要怨。

我有个朋友，甚至在作公益演讲时，反对主办单位在门口摆奉献箱。他的道理是：当大家刚听完演讲、心怀感动时，常会冲动地掏口袋，结果回家又后悔，所以不能利用人们的热情，必须等他们冷静之后自己乐捐。

道教的《修身宝璧》里也提到行善，意思是一个人如果不能善待亲人，却对外人行善，非但不是行善，而且是行恶。

行善绝对是一件应该衷心愿意，而且量力而为的事。也可以说那是每个人自己的事，没有外人能置喙，也无须别人"强力劝进"。只是，自己不做倒也罢了，如果非但不做，反而猜测别人，见到他人行善，就冷嘲热讽，说对方沽名钓誉，甚至找到"借口"，便猛宣传，阻止他人行善，则是行恶！搞不好，还是大恶！

凉心！良心！

再换个角度想！

对于别人没有行善，我也认为不能妄加批评。

举个例子，某地涨大水，下游的渔民看着尸首一具具漂下来，起初把每具都捞起，但是捞多了，变成视若无睹、任尸首漂过，或将尸体拖到船边，等着死者的家属来找，再谈价钱，把尸首捞给丧家。

乍听，渔民太没良心了、太可恶！好像丧心病狂！但是且听我说个五十年前的往事：

我小时候有一阵子住在台北近郊的碧潭。那只是一条河，由于中间有一块广大的水面，所以称为潭。正因此，上游的水势虽然猛，一流进碧潭，就被涵纳，变得看似波平如镜。

许多泛舟的人不觉，直到把船划到接近下游的位置，才惊觉水势突然变快。所以在碧潭的下游，常听见人们在水上喊救命。

按理，人命关天！岸上的人应该立刻去救，我却多次看见附近的"船家"站在岸边喊价："五百块！六百块！"而且越危险、价钱越高。

我当年虽小，还是很不平，有一天过去责怪船家，却见船家叹口气说："小弟弟，你要知道，我们虽然识水性，急流还是危险哪！而且一艘船、两艘船，隔几天来一下子，我们还做不做生意啊！还有，你在这里多站几天就会知道，你救了他，他不一定感激，就算答应了价钱，上岸还是赖账。以前免费下去救的时候，有人连句谢都不说，好像我们是欠他的。"

我后来果然看见有人被救起来，才上岸，惊魂未定，就破口大骂船家：只要钱，不救命！一毛也不付地悻悻然离开。

公义与公益

我当时幼小的心灵一直想，到底谁不对呢？

同样的道理，如果捞尸体的人，整天只顾捞尸，他和他的家，由谁顾？

今天社会上有那么多责人行善和借口不行善的人，我们是不是也该回头想想，那些借口是怎么来的，那些诬赖好人、倒打一耙和不能知恩图报的人，是不是恶的真正源头？

我们是不是应该从积极的方向去做，一方面严惩忘恩负义的人，一方面对见义勇为者有实质的补偿，一方面严格审查公益团体，而非消极地说"我不捐了"！

或许有人说，给他们报酬，他们也不会要。只是我要讲：如同拾金不昧的人，法律规定可以向"失主"索取一定比例的报偿。收不收是他们的事，给不给是失主的事。因为这是公益、是公理、是公道，更是整个社会的公义！没有公义的社会，公益很难持久。

众口不可铄金

最后让我再一次呼吁大家，用积极的态度去监督公益团体，用牺牲的精神去奉献爱心，用宽容谅解的心去接纳可怜人，而非一竿子打翻一船人，以自己好恶的"第一反应"做判断，置身事外地说风凉话。

而且，你可以不行善，但是千万别在他人行善时冷言冷语。更不要因为一点负面消息，就不断宣传，作为不行善的借口，将一些恶毒的观念四处传递。

想想！当一个肇事者撞伤人之后，非但不下去救，反而倒车再轧过伤者。被抓之后还说："轧死大不了赔一笔钱，轧成残废反而会被拖累一辈子。"

这样的话，我们是不是常听到？

久了，听多了，一旦你自己闯祸，这句话是不是可能掠过你的心头。于是慌乱中，你可能做了傻事，犯了不可原谅的错。

请问！谁是祸首？

你这撞人的人当然是祸首。但是把这句话传来传去的人难道没有责任吗？只怕整个自以为"明哲可以保身"的社会，都是共犯！

小悦悦是谁杀的？

第一次是人轧的，第二次是社会轧的！

选自刘墉先生作品《人生百忌①》

时机不同大不同

天时，地利，人和！

"天时"往往比"地利"与"人和"更重要，因为好的时机常常就是抓住了最有利的"地利"与"人和"，同样的表现，天时不同，常能造成不同的效果。

时机不同，功劳不同

譬如你参加篮球比赛，只剩十五秒了，你这队还落后一分，你是"长射手"，前面已经投进四个三分球，队友实时把球传到你手上，你出手、长射！球在篮筐上弹了一下，幸亏弹得远，正被你的队友小孙抢到，他往外运了两下，转身，虚晃一招，再跳起投篮，就在终场铃声响的那一刻，球进了！

请问，大家觉得当天赢球的功臣是谁，大家紧紧拥抱，甚至抬起来的是谁？

是你，还是小孙？

当然是小孙，因为在紧要关头，是他那球让你们赢了。

问题是，大家怎不想想，少了全队前面的任何一球，都赢不了。那功劳是属于每个人的，更何况你的四个三分球了。

时机不同，印象不同

再举个例子，你参加演讲比赛，在二十个参赛者之中，你是实力最强的，而你抽到第一号。

你上去了，口若悬河、技惊四座。裁判们个个欣赏你的表现，连你下台之后，还要交头接耳地讨论，边说边点头，表示对你的赞赏。

他们会给你几分？九十八分？

不！虽然按说你该拿九十八分，但因为你是第一个，他们会心想，当天的选手大概每个都棒，所以才上来一个，已经令人惊讶。

于是平均给了你九十五分。

为什么不是九十八？你十足有资格拿九十八啊！

因为他们不确定下面十九个人，会不会各个都棒。你最先上台，他们还没机会比较，总得给后面留点空间哪！

好！你这第一个上台的"鹤"，下去了。

二号、三号、四号、五号……下面上来的都是"鸡"，再不然是"半鸡半鹤"，也比不上你。直到十三号，终于出现了一只"鹤"，几乎跟你一样亮眼。

裁判们开始打分数，他们不断在脑海里跟前面的十二个人比较，当然最重要的就是跟你比。十三号跟一号，哪个棒？

想来想去，差不多耶！

于是十三号跟你一样，也拿到九十五分。

下面又上来一只"鸡"，但是跟着出现一只"鹤"，哗！真行！比十三号好……好像还略胜那么一点点。

这样吧！给个九十五点五分。稍稍比十三号多加那么零点五分。

比赛结果出来，十五号拿了第一，你和十三号并列第二。

　　问题是，如果当天十五号抽到的是一号，而你抽到的是十五号，结果又会如何？

　　恐怕得第一的是你。你确实是"鹤"，只可惜你第一个出场，没得到"鹤立鸡群"的机会。

忌星期一上午

　　虽然投篮或抽签，都有"天时"的条件，而难以掌控，但是"时机"却能由你把握。最起码你得知道不能"哪壶不开提哪壶"，避开最坏的时机。

　　如果一个人有"起床气"，每天早上的脾气都不好，那么他星期一早上的脾气必定最坏。

　　因为周末过了，虽然玩得腰酸背痛，还是得撑着去上班。更因为又要投入工作的战场，上个礼拜搁下来的事，都得重新面对。

　　星期一办公室的气氛多半比较凝重，而且还要开会，老大老二老三全到了。

　　请问，如果你想托人办事、向人请教，或约人出来，你能周一早晨去他公司，或一大早打电话给他吗？如果你打电话，他正开会，又忘了关手机……

　　非但你麻烦，只怕你还给他找了麻烦！

　　甚至连星期一下午，你都得斟酌，猜想对方的情况，因为如果时间抓不对，人家没办法跟你多说，搞不好因为早上开会才挨了训，想答应的事也没好气地对你说："No！"

忌打扰人家办事

除非你跟对方约好午餐，或知道对方是非两点不睡的"夜猫子"，否则在中午十一点半和晚上十点以后，都最好别打电话。

否则，他不是在办公室急着办事，就是在床上急着办事。你能这么煞风景吗？

几乎每个人肚子一饿，脾气就坏！这是动物的天性，饿了！就得找吃的，就得猎杀。

猎杀的人（或动物）当然带"杀气"。

还有的公司附设餐厅，大家抢饭吃，为了不碰上"盘底朝天"的窘况，好多人早早就往餐厅去了。即使碍于规定，人不去，心也去了。

这时候你找他，效果能好吗？最近才有心理学的专家统计出来：

法官中午吃饱饭之后，判决比较有利于被告。

说句笑话：搞不好，吃饱之后判的无期徒刑，换成饭前就变成枪毙了！

你能不多忍两个钟头，非在他饥肠辘辘的时候找"枪毙"吗？

选自刘墉先生作品《人生百忌①》

辛苦的假象

别再制造辛苦的假象。

当你因为"前面拖",而"后面赶"时,请不要唉声叹气!

前几天你自己走路去火车站,回来之后大声地抱怨:"天哪!我差点没赶上火车,你知道路有多远吗?足足二十五分钟,我还是用跑的呢!"

听了你的话,今天我第一次去搭火车,就早早出门,没想到一路"走"去,只花了二十分钟,害得我在车站多等了近半个小时。直到回来质问你,你才说:

"我又不是一路跑去,而是慢慢逛,直到发现时间快来不及了,才用跑的!"

于是我要责怪你——又一次提供错误的情报,同时制造辛苦的假象。

这种制造假象的,何止你!许多成年人都会!譬如最近家具公司送来我定制的书桌,虽然比预定交货的时间晚了十几天,那老板打电话通知送货的时候,还气喘吁吁地说:"真不容易!总算完工了!"

可是书桌送来,里面全是木屑,溢到外面的强力胶根本没清理。结果用我的画室当工厂,又忙了半天。

看那老板满头大汗的样子,好像他延误的这段时间,都在跟书桌

208

苦战。可是当我私下问工人，一共要花几个工作日时，工人笑答："专心做嘛，两个人用不了四天！"

这样看来，那老板不是和你一样，制造了一种辛苦的假象吗？

我在台湾也常遇到这样的事，譬如裱画，十几天前就把画送去，并要求师傅最少计划在墙上干七天，免得以后变形。却往往在该交活的前几天去看，发现他还没动手呢！

当我责怪他们不早动手时，店里都说："没办法啊！前面有前面的工，别人的画也都推了好几天，如果把你的提前，人家的画就根本好不了！"

听起来很有道理，但这么想，如果裱画店暂停几天不接生意，或用年节放假时，发愤不休息，把拖下来的画裱好，使所有的画都提前三天动手，不是就全能准时交活了吗？

他们做不到的理由很简单，因为"拖"！而且"拖"具有连贯性，当所有的事，到后来非完成不可，自然拖到一定的时候，就不能再拖。只是当他做这件已经迟了的事时，下一件当然又被拖了下去。

于是一拖，拖了一串！到头来哪件事都没少做，却每件事都没能准时做好。而且因为他们并没省事，于是便向人制造辛苦的假象。辛苦没有错，造成辛苦的是"拖"，而非事情本身！

拖，应该是人的本性，它基本的原因是"懒"；另外的可能，则是不知道计划时间。治这个毛病，立即见效的办法是：到手就做！不要犹豫，因为犹豫已经浪费了时间。许多人碰到事情太多，便乱了方寸，又想从这件下手，又想从那件开始，结果到手就做的人已经完成许多，他却还没能行动。

至于不但速效，而且速成的良方，则是将所有的事列出来，立即决定做的优先顺序，并立刻动手！

　　记得有人问英国前首相撒切尔夫人怎样在日理万机之外，还能照顾家庭。答复是："把要做的事，条列下来，做好之后，再一项项删去就成了！"

　　听来多么简单，真正的道理，是她既能积极行动，又能计划先后，随时看情况调整。

　　当你发现自己总是慢、总是迟、总是赶的时候，请你想想我的话。抓住一个放假的空当，把未来非办不可的事列出来，并将已经拖延的事立即完成。便会发现虽然牺牲了一两个假日，却使后面的事，都能进入轨道。

　　尤其重要的是：

　　别再制造辛苦的假象。当你因为"前面拖"，而"后面赶"时，请不要唉声叹气！

选自刘墉先生作品《肯定自己》

别吃曹操的点心

不可自作聪明、自以为比上级聪明，而不听令办事，
也不可自作聪明，在不确定的情况下擅自做主。

聪明外露的危机

谈到自作聪明，绝不能不谈谈曹操的手下杨修。因为他超级聪明、超级爱表现，结果才三十四岁就被曹操砍头了。

说几个他聪明的例子：

有一次曹操看新造的花园，只在门上写了个"活"字，就离开了。

下面人不懂，杨修说话了："把门改小一点就好了，门里面加个'活'字不是'阔'吗？丞相嫌门太宽了。"

门改好之后，曹操再看，就满意了。心想，这些下面人还真聪明，问他们怎么知道自己嫌门太宽，才知道是杨修讲的。

曹操不得不对杨修刮目相看。

自作主张的危险

又有一回，有人送曹操一盒点心。曹操在盒子上写了三个字"一

合酥"。

杨修看到,也没问曹操一声,就把点心分给大家。曹操责问,杨修说:"是您写的啊!不是一人一口酥吗?"

这件事,让曹操由惊讶杨修的聪明,转为对杨修不满了。

因为杨修擅自做主,自以为是,他虽然看穿了主子的心,却没能尊重主子,偏偏又说得不错,曹操要发脾气都难。

多管闲事的危险

曹操为了测验曹丕、曹植谁聪明,常常出题考这两个儿子。曹植每次都答得好极了,令曹操十分惊讶,后来才知道原来杨修提供了"考前猜题"。

这下子,曹操更对杨修不满了。因为杨修没做错什么事,他不是"偷题",只是"猜题",谁让他那么会猜呢!

只是,杨修的猜题,等于涉足曹操的家务事,更是犯了忌。

僭越做主的危险

最后,杨修的自作聪明终于害了他自己。

曹操打仗,久攻不下,有一天下面人问当晚的"口令"是什么,曹操正吃鸡汤,就随口说"鸡肋"。

担任行军主簿的杨修回去就叫属下收拾东西,说要撤军了,而且一传十,十传百,各营都开始收拾。偏偏曹操当天晚上睡不好,出来巡营,发现怎么大家都在收拾东西。

一问才知道,原来杨修说曹操的口号是"食之无味,弃之可惜"的鸡肋,表示久战不下,没意义,要撤军了。

当下，曹操就一斧头砍了杨修的头，挂在营前。理由是，杨修惑乱军心！

不可表现过度

人都爱表现，聪明的年轻人尤其爱表现，问题是这表现可能会像杨修，先令长官惊讶，接着因为沾沾自喜，擅自为长官做主，甚至涉足长官的私人事务。

再下来，则是伤了长官的尊严，甚至影响公务。

忌自以为聪明

说几个发生在我身边的故事。

有位著名的植物学家对我说，自从某报改了他的一个字，他就不愿意给那家报纸写稿子了。

我问："是什么奇怪的字啊？"

"一点也不奇怪，他们改得才奇怪呢！"学者火大地说，"我在文章里写秋天的漆树很美，那主编居然都没问我，就把'漆树'改成了'檵树'。他大概以为我是白字先生，有边读边，把檵树读成漆树……如果他怀疑有错，可以！但他何不问我一声呢？结果我写的是'漆树'，硬被他改成了'檵树'，害我被同行笑话。"

相较之下，我认识的一位打字员就高明多了。当他发现我的文章里有错字，甚至有很明显的错误时，都不直接改，也不在文章旁边注明，而是另外发电邮问我：某个字是不是笔误？

你说，当我看到这样的信，能不感激万分，立刻向他致谢吗？

忌擅自做主

再说两个故事。

有位老板跟客户闹得不高兴，气头上要秘书发信，把对方臭骂一顿，但是才隔一天老板就后悔了，说一定得罪了客户，麻烦大了！

秘书却一笑，说："您别操心，那封信我根本压下来没发。"

按说老板应该感激他的秘书，对不对？

错了！老板先松了口气，但是接着把秘书责骂一番。

为什么？因为她自作主张。

总说不必要的话

某大学校庆，好多校友从世界各地赶回来庆祝，把校长忙得团团转。

总算活动结束，让校长能喘口气了。突然电话响，秘书接起来，是校长以前的一个学生打来的，说好几位老同学想跟老教授聚聚。

秘书大概体贴校长辛苦，没说校长有没有空，却问："你们不是才跟他聚过吗？"

对面的老学生没多讲，挂了电话，却私下找到校长，说这件事。跟着，秘书就被调了职。

为什么？因为她自作聪明、乱说话，因为她没有守住职责的分寸，说了不该说的话。她确实可以因为体谅校长辛苦，帮校长挡不必要的约会，但她不能那么说。

何况，她连想见校长的是哪些老学生都没弄清楚，得罪了好几位国际知名的学者。

　　我写这许多，说给社会年轻人看，是告诉大家：不可自作聪明、自以为比上级聪明，而不听令办事，也不可自作聪明，在不确定的情况下擅自做主。

　　而且，我希望职场达人也能作为参考：你可以让属下分层负责，但不能让他们越俎代庖。因为只有严守分寸、情理分明的组织，才能够把错误减到最少，获得最大的成功。

选自刘墉先生作品《人生百忌①》

谎话说与不说

"我不撒谎,因为我很自负!"

这个世界上,除了非常小的孩子,大概很少有人没撒过谎。

你太太换个新发型,问你漂不漂亮,你怎么看都不顺眼,却说:"漂亮!漂亮!"

你朋友病危,躺在床上说他要死了。你明知他拖不过三天,还是斩钉截铁地说:"别胡思乱想!一定会好起来。"

你同事送你一瓶香水,是你最讨厌的香味,而且柜子里已经摆了好几瓶,你还是故作惊喜地说:"太好了!太好了!我就盼望有这么一瓶。"

他的错,他负责

"谎话人人会说,各有巧妙不同。"所以当我讲"人生百忌,忌撒谎!"的时候,你八成有意见。

那么,请听我讲我的道理。先说两个故事:

前几天,我家的暖气锅炉做保养,不保养还好,保养的隔天就淹了水,而且从锅炉间一直流到外面的地下室大厅。

打电话给那保养公司,人很快就来了。蹚着水进锅炉间看了一眼,出来说要怪他，因为有个压力的开关，打开忘了关回去。接着由他出钱找"抽水公司"，开着大车来抽水，再用干燥机烘干。

正好有位邻居是保险经纪人，我太太打电话问他，是不是该找暖气保养公司理赔。邻居说没什么损失，赔的可能性不大，但还是可以问他公司的"保险号码"，必要的时候可以申请理赔。

临挂电话，那邻居跟我太太要保养公司的电话。

"你要帮我打电话？"我太太问。

邻居一笑："不！我要找你的公司为我保养暖气，因为这年头很少有那么诚实的人。"

丢了面子，赢了里子

再说个老故事。

三十多年前，我做电视记者的时候，有一次要到韩国采访亚洲影展。那时候台湾地区的人很难离开本地，我拿着表格，找一位主管盖章，再经"安全室"审核，总算把章都盖完，将资料送给"中影公司"承办的一位先生。

隔几天，突然接到那人电话，说大家都递了资料，为什么没见到我的。"我送去了。"我说，"还是您收的啊！"

"不要乱讲，我没收。"

我急了，立刻跑去找他，他还是说根本没有，我冒火，他却比我还大声，两个人对吼。

亚洲影展在即，我没办法，只好回公司从头办，一关一关去解释，重新审核盖章。

就在快办好的时候，电话响了，是"中影公司"那个人的声音："对不起！刘先生，我在桌子下面找到了你的申请书，我向你道歉！"

放下电话，我真是五味杂陈，既高兴又火大。但是气归气，我却暗自佩服他，佩服他的"风骨"。

诚实走进集中营

没错！谎话人人会撒，有时候小小一个谎，就能逃避很多问题。今天不想上班，打电话给主管，说你病了，就能逃避一天。今天你不想交报告，说你家里有事，教授就能网开一面。

今天，你对妈妈说全班都不及格只有你考六十分，你非但不会挨骂，还可能得到赞许。

问题是，你虽然可能占外面的便宜，却可能受内在的伤害。

记得在第二次世界大战集中营回忆录里，看过一个故事。德国纳粹抓人，抓了一堆，问里面有没有犹太人，是犹太人的站出来。

明明知道自己出去，会被送去集中营，一个犹太人却毫不犹豫地说："我是！"

后来有人问他：你长得那么像德国人，德语又那么好，为什么站出去？

"因为我有我的自尊！"

顺手牵羊又如何

撒谎，最大的伤害就是自尊。如同有你可以顺手牵羊的东西，保证没人看到，看到也没什么大不了，那东西又是你很需要的，你不顺手牵羊，宁愿花钱去买。

这跟你顺手牵羊有什么不同？

有！是你的自尊，是你的自许，是你的人格，是你的良心！你顺手牵羊确实可以省下钱，但是难道你的良心和人格不值那个钱吗？

同样道理，你能撒谎，不撒。明明撒个小谎就能脱身，如同"中影公司"的那个人，既然我已经重办了，又跟我吵得面红耳赤，他大可以将错就错，何必拉下脸来跟我认错？

他确实好像丢了面子，认了错，但是，他也赢得了"里子"，赢得他的"自尊"和我对他的"尊敬"。

不屑于撒谎的人

人生走过六十多年，我越来越发现，那些因为诚实而吃小亏的人，长期下来反而占大便宜。

因为他赢得人们的信任与尊敬。

我也越来越对那些能撒谎却不撒谎的人刮目相看。

"我不撒谎，因为我很自负！"

忘记了这是谁说的，很狂，但是很有道理！

选自刘墉先生作品《人生百忌②》

别做毒舌派

"言语暴力"常常发生在亲人之间，最难听的话总是说给最心爱的人，而且心里越爱，嘴上越毒。被心爱的人伤害，也伤得最深。

最近在电视上看到一个特别节目，谈日本占领下的台湾地区。一位满头白发的老阿妈，颤悠悠地说她上幼儿园的往事。

"我们台湾孩子跟日本小孩同班，每天下午发糖果的时候，日本老师都会说'大家把眼睛闭上一分钟，不准张开，谁闭得好，就有糖吃'。"白发老人说，"我每次都闭得好好的，完全没张开眼睛，日本老师却说日本小孩表现好，只把糖发给他们。我起初真相信是自己没闭好，拼命把眼睛闭紧，闭得眼睛都酸了，还是没糖。"她叹口气。"这件事留在我心里七十年了，我没忘，我恨，我不是恨没拿到糖，是恨日本老师伤了我的自尊。"老人盯着镜头问，"二等国民！伤不伤？"

言者无心，听者有伤

这世上能让人永远记得的，常常是有伤我们自尊的事，而那可能只是一个动作、一个眼神，甚至一句无心的话。

举个例子：

三十多年前，当我刚到美国的时候，有天作专题演讲，接受听众提问的时候，一位美国人居然问："中国有没有冰激凌？"

明明是他没知识，我却受了伤。

还有一回，我参加美国人的旅行团到欧洲去，路上有人提到许多美国人去印度都拉肚子。

我说："真有那么脏啊？"

一位老美对我笑笑："真脏！不过你们中国人去，说不定不怕。"

我当时很不是滋味，心想：他这么说，是有心，还是无心？

无心冷落的伤害

每个人都可能在无心的情况下，伤过别人的自尊。我自己也犯过不少这样的错。

譬如我高中时代，自家楼下是"女子英文秘书补习班"，我常跟那儿的女生聊天。有一天，面对三个女生，我说甲的衣服真漂亮，又说乙的衣服美，没赞美丙，因为她实在穿得很土。

岂知那女生转身就走了。后来另两个女生告诉我，那女生直哭说我伤了她的自尊。

挪揄戏弄的伤害

另一次发生在我大学时代，有位女同学说油画年代久了，表面会龟裂。她把龟（音"君"）说成乌龟的龟。

我立刻笑说："哎！不是龟裂，是龟（音'君'）裂。"

那女生立刻变了脸，回我一句："谁像你那么博学？"

她从此好长一段时间不理我。

不食嗟来食

还有一回，我参加餐会，东西多，吃不完，打包带回宿舍，进门就交给同舍的朋友："好东西，你要不要吃一点？"

平常相处好极了的同学非但不领情，还冒了火："我才不要吃你剩下的。"他一把就将东西扔在地上。

民俗的禁忌

进入社会也一样，刚到美国的时候，我有天去银行办事，用手指敲玻璃，希望引起职员注意。明明应该顾客至上，那职员居然抬起头很不高兴地说："你敲什么敲？这里是动物园吗？"

后来才有朋友告诉我，在美国那样敲，就像在餐厅用勾手指的方式叫服务生，会伤害对方的自尊，是严重的禁忌。

走过大半人生，一次次被别人无心地伤害，或在无心中伤害别人，我发觉处世"最难"也"最重要"的，就是怎样避免伤害人家的自尊。

最难！因为每个人的背景不同、心情不同、心灵的弱点不同，对同一件事的反应往往大不相同。

最重要！因为你伤害了一个人的利益，他可能记你一时，伤害了他的自尊，却可能恨你一辈子。

更麻烦的是，我们常常在维护自尊的同时，也伤害了别人的自尊。

我打你一拳，你回我一掌

我在做青少年心理咨询的时候，就碰到过不少这样的情况，譬如：一个小男生来对我说，他家附近一个杂货铺的老板侮辱了他。

他去店里买一瓶浓缩的酸梅汁，拿回家喝了，发觉根本不是酸梅做的，于是，他回到店里找老板理论。

"我并没有带回去退哟！我只是走进那家杂货店，对老板说：'你的酸梅汁是假的。'"小男孩说，"那老板居然当着一堆人的面骂我：'放你妈的臭狗屁！'他不但骂我，还骂我妈妈，我气得想去他店里扔汽油弹。"

我当时安抚他说："那老板确实伤了你的自尊，但是你也要想想，你当着一群顾客的面，说他的酸梅汁是假的，是不是也伤了他的自尊？就算你说的是事实，也最好挑时间、挑地方，免得因为面子挂不住，造成彼此的伤害。"

最恶毒的话说给最亲爱的人听

还有一对母女吵架，来咨询。

"我有一天带了块同学送的蛋糕回家。"小女生哭着讲，"我妈居然把蛋糕往我身上扔，说吃啊！你吃啊！吃成猪好了。"

那母亲则说："我女儿太贪嘴了，吃得痴肥，害得我在邻居前抬不起头。我是爱她，所以叫她少吃。"

我当时也对那气呼呼的妈妈说："你觉得抬不起头，是女儿伤了你的面子。问题是你对女儿那样，没有伤到她的自尊吗？"

"言语暴力"常常发生在亲人之间，最难听的话总是说给最心爱的人，而且心里越爱，嘴上越毒。被心爱的人伤害，也伤得最深。

不知你有没有看到最近的一则新闻，一对美国的双胞胎姐妹，原本活泼美丽，只因为十一岁的时候，听到爸爸一句暗示她们变胖的话，就开始节食，结果患上严重的厌食症，二十年下来，她们一米六五的身高，体重居然不到三十八公斤。

"我想生个孩子，但是有些医生说我已经不可能。"

"我失去了人生，房子、头发和工作，因为得病，我失去了一切。"

听她们说的话，看她们瘦得像骷髅的样子，不知她们的父亲怎么想？

对家人、对朋友，甚至对陌生人，我们怎能不注意自己的每一句话和每个举动？

人生百忌！忌伤人自尊！

选自刘墉先生作品《人生百忌②》

你有道歉的能力吗

越是有实力、有勇气、有自尊，
敢于面对自己的过去与未来的人，越能道歉。

在《读者文摘》上看到一篇题为《迟到三十九年的道歉》的文章。

一个优秀的十二岁男孩以色列森，由于写作的表现杰出，深受老师艾柏瑞的宠爱，但有人说是因为艾柏瑞是同性恋所以喜欢他。有一天，以色列森去见校长，说他不想上艾柏瑞的课了，接着他就回到班上，打断艾柏瑞的课，把校长的同意书交给老师，当着全班的面，收拾书本，转身离开。

以色列森后来因自己的鲁莽很后悔，因为他没向艾柏瑞解说转班的原因，又当着大家的面给老师难堪。多年后想回学校向老师道歉，老师却早已离开了。

他四处打听艾柏瑞的去向，还到网上搜寻，经过了三十九年，终于找到正担任义工的艾柏瑞，当面说出自己深藏的歉疚，也让艾柏瑞解开了三十九年的疑团。

谁能在生命中没歉疚

以色列森向老师道歉，也是被启发的结果：他娶了一位墨西哥女子为妻，生了两个孩子。有一天大舅子找他，很慎重地向他道歉，说早年因为不希望家族里有个白人，曾经想尽办法把以色列森和妹妹拆散。多年来这件事一直困扰着他，现在他终于决定说出来，向以色列森郑重道歉。为什么把歉疚藏在心里，成为自己以及受自己伤害者的终身负担？为什么不大胆地说出来？

以色列森向三十九年前的老师道歉的消息传开，许多人被感动，觉得应该把深藏的歉疚说出来。报道这篇新闻的报纸，甚至特别开了个道歉专栏，刊登那些有歉疚却无处诉的当事人的心声。

生命中不能承受之重

道歉，可以很简单，也可以很沉重。太多人因为好面子，因为犹豫，因为不知道被道歉的人的反应，而把歉疚留在心中一辈子。

问题是，歉疚如同枷锁，锁在自己身上。道歉之后，就算挨一顿骂，甚至一番侮辱，又如何？心灵的伤害远大于表面的惩罚啊！何况从道歉的那一刻起，就能卸下沉重的枷锁。

当然，道歉常常伴随补偿，当是非不明，甚至受害人都搞不清楚状况的时候，那做错事的人可以躲过刑罚，也不必赔偿。许多人就因此，即使犯了天大的错，也不敢承认。

不可死不认错

许多杀人犯不就是如此吗？在审判过程中，他们坚决否认自己犯了罪，直到死刑定案，上法场前才终于悔悟，对受害者的家属表示最深的歉意。

没错！死者不能复生，杀人凶手伏法，也无法再给什么赔偿，但是他能说出真相，让疑团得以被解开使无辜的人能够洗脱嫌疑，可以用自己的一条命偿还，毕竟还有正面的意义。

相对地，如果他至死不悔，反而是他最大的错误，也是对社会最坏的示范和对死难者家属的又一次伤害。

迟来的道歉与正义

道歉，最好想做就做，早点解开彼此的心结。如果实在有难处，暂时埋藏在心底，等到有一天，有勇气也有能力的时候再道歉，还是会获得尊重。

一个对朋友有歉疚，害对方损失惨重的人，事隔多年，在事业有成之后，突然主动找到当年被伤害的人，坦承自己的错误，然后好好补偿，不是很好的事吗？

当年你偷偷犯了错，没人知道，但你自己知道，藏在心底，默默努力，目的就是有一天能好好赔偿对方。当年你可以道歉，但是没条件，就算道歉了也难补偿。可能反不如你将功折罪，隐藏着，直到有能力补偿的那一天。

壮丽的华沙之跪

1970 年 12 月 7 日是个寒冬的雨天。联邦德国总理勃兰特来到波兰华沙"二战"死难犹太人纪念碑前献花。他肃立碑前，低下头，向死者致敬哀悼，突然，双膝一屈，硬生生跪倒在湿冷的墓碑前。

勃兰特虽是德国人，但他也是曾被希特勒迫害的反纳粹者，为了反抗，他四处躲藏，流亡到丹麦、瑞典，成为报道纳粹罪行的记者。战后他才回到联邦德国，先当选西柏林市市长，再上层楼，成为联邦德国总理。

他为什么下跪？为他的国家、为他祖国犯的错表示最深的忏悔。他的"华沙之跪"没有贬抑联邦德国，反而被誉为"欧洲千年来最有力的谢罪"，使他获得诺贝尔和平奖。

伤你的心，就是我的错

越是有实力、有勇气、有自尊，敢于面对自己的过去与未来的人，越能道歉。

越是有爱心，不忍人之心，肯牺牲奉献的人，越能为不是自己的错而向对方道歉：对不起！我不该让你不高兴。且不论谁对谁错，令我所爱的人伤心，就是我的错！

人生百忌——忌不道歉！忌字典里没有对不起，忌死不认错。

选自刘墉先生作品《人生百忌③》

永远不该死

> "上帝把我放到地球上，是为了要我完成一定的工作。
> 现在，我还落后太多，我永远都不会死！"

读"二十世纪文坛灵魂人物"海明威的传记，作者用数十万言写海明威的一生，居然以简单的几句话作了结束：

"他（海明威）将两颗子弹上膛，把枪托小心地放在地上，身子凑向前，用枪口抵住眉毛上方前额的位置，然后扣下扳机。"

多么可怕的一幕啊！那双管猎枪强大的爆炸力，必定轰掉了海明威的半个头颅。

这使我想起大画家凡·高，他的自杀也很惨，不但一枪进了肚子，而且死前已经割下了自己的耳朵。

还有日本文豪、获得诺贝尔文学奖的川端康成，居然嘴含着煤气管自杀。至于更惨的则是切腹而死的三岛由纪夫。凡切腹的人，都要请"介错人"把自己的头砍掉，所以三岛的死是"身首异处"。

为什么寻死？

他们都是有成就的人，何必去寻死呢？难道他们是因为觉得自己的"创作生命"已经到尽头，对这个世界的贡献已了，活着不再有意义，所以自己结束生命？

如果真是这样，我倒还有几分谅解。问题是，为什么那么多年纪轻轻的孩子，居然也自杀了呢？

他们也觉得对这个世界的贡献已了吗？他们的贡献在哪里？我只知道他们是父母呵护大的，花了不少父母师长的金钱和血汗，又留给大家无限的哀伤。他们的贡献在哪里？

难道正因为他们太被呵护了？他们不用赚钱养家、不必担心失业，甚至不用洗碗扫地。他们被一而再再而三地叮嘱着："你什么都不必做，只要好好念书，考个好学校就成了。"

这下我懂了！他们自杀的道理与海明威一样，却又相反。海明威可能觉得不能再贡献了，所以活着没意义，他们则不知道有什么好贡献，所以活着没意义。

人是到这个世界来奉献的

人到这个世界，不是来消耗，是来贡献的啊！你看那孩子多的父母，一辈子操劳，临老，还要东奔西跑，到各孩子家帮忙照顾孙子。他们不是活得很快乐吗？就算他们嘴里有时抱怨，你只要看他们在忙，忙得充实而健康，健康而长寿，就是幸福。

相反，那些家财万贯，却没生育的人，为什么会去领养孩子，再不然专注于事业，即使退休之后，还要四处当义工。他们何不图个清闲，吃吃喝喝睡睡，好好地"混吃等死"呢？

"混吃等死"这个词用得真妙，当一个人不再贡献力量，不再付出爱心，只是混日子的时候，就是在"等死"了。古人说"人无远虑，必有近忧"。我则常说"人无近忧，必有远虑"。你会发现那些衣食无忧，又不为子孙操劳的人，就好像站在人生的大道上，前面一片平坦，没山冈也无树林的阻挡，他一眼望去，大道的那头正有个可怕的东西在等他——死亡。

常常想到死亡在等着自己的人，怎么可能快乐呢？

要有责任，活着才有意义！

我以前教过一个洋学生，高中没毕业，已经一头乱发，满脸于思，看起来活像五六十岁的人。他学国画是想透过国画的水墨，去得"道"；他想"得道"，是因为觉得生命太空了。

他一天到晚觉得活着没意思，常常坐在我对面，用奇怪的眼神看着我，隔半天，说："教授，我昨天差点死掉。"然后用两根手指比个手势，"差那么一点，就完了。可是你知道吗？我想到你的画稿我还没还。我今天不还，别的同学就借不到。所以，我没扣下扳机。"

天哪！我的画稿（就是借给学生临摹用的画）居然救了他一命。可是，从他的话去想，人为什么活下去？人是为责任活下去，不是为没有责任活下去。

后来，他去印度待了一阵。现在不但大学毕业，而且结了婚，有两个孩子，过得充实极了。

每次谈到以前他要自杀的事，他就手一挥："哎呀！你为什么老糗我呢？我那时候懂什么？"

问题是，他那一晚，如果真扣下扳机，他现在在哪里？

谁救了他？不但是还画稿的责任救了他，更是印度苦难的人民救了他。当他从印度回来时，满脸痛苦，又满脸欣喜，痛苦地说："为什么？为什么？世界上有那么可怜的人，真是生不如死！"

"可是他们在努力地活着！"我说。

他又欣喜地说："是啊！看了他们，才觉得自己幸福，他们都那么认真地活着，我又怎么能死？"

死念常在一瞬间

也记得有位学生因为感情问题要自杀。她在电话里有气无力地对我说："我要跟你说再见了！因为我马上就要自杀了！"

"你能死了吗？你对这个世界的贡献做完了吗？"我问她。

"就因为我不能做什么！"

"笑话！"我吼了回去，"我送你去残障育幼院看看，有多少人需要你帮助。然后想想，你有没有资格，在对这个世界没尽一分力之前，就去死。"

然后我立刻联络了台南的瑞复益智中心，对方也欢迎她去工作。

我再打电话给她，叫她到松山机场碰面，由我送上飞机。她没有接受，但是就这么十几分钟，她已经打消了死念。

死念岂止是十几分钟，真正"致死的死念"，常只是几分钟。就那几分钟想不通，就死了！

勇敢地面对生命

你看那要跳楼的人，坐在阳台边，一边是几十米的高楼，下去就告别人世；一边是走回屋子，重新面对人生。这是多么大的抉择啊！那自杀的人，居然成为半个上帝，由他决定一个人的生与死。

这个人是他父亲亿万个精子里，终于能受孕，又在受孕之后，由他母亲怀胎十月，再平安产下的。这个人会说话、会唱歌、会走、会跳、会思考。居然用他莫名其妙的思想，判他自己死亡。

如果他有一生最笨的决定，必是跳下去。如果他能有大的智慧与勇气，就是回头。回头勇敢地面对自己的生命，为自己也为社会，好好做点事，这样才不负上天给予他生命，才不负他得到宝贵的生命。

我太太的秘书，在墙上挂了一段幽默的话。大家都借去"拷贝"，于是挂满了办公室。现在，则挂到了我的家里。

那幽默的句子是：

"上帝把我放到地球上，是为了要我完成一定的工作。现在，我还落后太多，我永远都不会死！"

各位朋友！如果你居然要自杀，请想想这句话。

选自刘墉先生作品《迎向开阔的人生》

Chapter ⑥

尊重生命

你可以一辈子不登山，但你心中一定要有座山。它使你总往高处爬，它使你总有个奋斗的方向，它使你任何一刻抬起头，都能看到自己的希望。

毛虫的愿望

> "现在我才知道，不论美丽与丑陋、轻盈与迟缓，
> 只要由您创造，一定都是完美的！"

有一只毛虫，觉得自己长得既丑陋，行动又不灵活，终日闷闷不乐，有一天终于憋不住了，去对上帝抱怨：

"上帝呀！您创造万物固然非常神妙，但是我觉得您安排我的一生，却不高明。您把我的一生分成两个阶段，不是既丑陋又迟笨，就是既美丽又轻盈，使我在前一个阶段受尽人们的羞辱，后一个阶段又获得诗人的歌颂。坏就坏到家，好又好得过火，这未免太不合理了。您何不平均一下，让我现在虽然丑一点，却能行动得轻巧一些；以后当蝴蝶时，外貌长得漂亮，但行动迟缓一点。这样我做毛虫和蝴蝶的两个阶段，不就都能过得很愉快了吗？"

"你大概以为自己的构想不错。"上帝说，"但是你有没有想到：如果那样做，你根本活不了多久！"

"为什么呢？"毛虫摇着大脑袋问。

"因为如果你有蝴蝶的美貌，却只有毛虫的速度，一下子就会被捉走了。"上帝说，"你要知道，正因为你的行动迟缓，我才赐给你丑陋的外貌，使大家都不敢碰你。他们的不理不睬，对你只有好处没有坏处啊！现在你还希望我采纳你的构想吗？"

"不！不！不！请您维持原来的安排吧！"毛虫慌张地说，"现在我才知道，不论美丽与丑陋、轻盈与迟缓，只要由您创造，一定都是完美的！"

选自刘墉先生作品《不负我心》

你懂不懂得爱

孩子！鱼是你要养的，它们是你的宠物。
既然你称它们"宠物"，你就应该宠它们。

今天我就猜到会天下不太平。

果然，你一进门就又哭又喊，接着跑来敲我的门，问我："'小银'为什么又死了？"

"我怎么知道呢？"我摊摊手。

我确实不知道啊，还是下午你妈妈来跟我说，你那条叫"小银"的鱼好像有问题。

我跑上楼看，才发现小银已经死了。

一个礼拜之内，你的四条宠物金鱼，已经死了两条，我也很纳闷啊！

四天前，我不是特别为你装了一大壶清水，教你滴"去氯剂"在里面，同时对你说，死了一条鱼，不知道是不是因为该换水了。如果直接换，控制不好温度，在凉水里加热水，又会造成水里的氧气不足。最好的方法就是先准备一缸水，放二十四小时，等水温变得跟室温一样，也就是跟你鱼缸里的水温相同，再换。

可是那壶水一直放在你门前，两天过去了，你都没提。

我不是昨天傍晚又问你是不是该给鱼缸换水吗？

你那时正在做功课，只应了一声"好"。接下来，吃晚饭、练小提琴，你就站在鱼缸前面拉琴，也没听你说要给鱼缸换水啊！

你现在怎能怪我没早换水呢？

孩子！鱼是你要养的，它们是你的宠物。既然你称它们"宠物"，你就应该宠它们。

你养宠物，爸爸妈妈已经够辛苦了。鱼缸是爸爸从店里抱回来的，鱼是妈妈去挑的，过滤器是爸爸组装的，水是我灌的，那些假水草和宝塔是我一样一样放下去的。为了让它们站得稳，连爸爸宝贝的雨花石都拿去垫底了。又为了让你立刻看到美丽的缸景，我把"古董柜"的灯泡也拆下来，为你装在鱼缸顶上。

你说，从头到尾，你的工作是什么？不过是喂它们，对不对？

喂鱼是你的特权，因为你喜欢看它们争食的样子，又说鱼认识你，会对你笑。

有一天我管闲事，帮你喂了些鱼食，你回家还发脾气，说我会把你的鱼撑死。

当你的"黑眼"死掉的时候，妈妈问你是不是因为喂得太少，饿死的，你还反驳她："鱼不知道饱不饱，它只会撑死。"又说你以前养的小白兔就是撑死的。

好！从那以后，我们再也没有喂过你的鱼，现在"小银"又死了，你是不是还认为它是撑死的，不是饿死的呢？

你是不是该打电话去水族店问问，到底一天该喂多少食物？

你是不是应该立刻请我帮你换水，而不是跑来责难我？

你哥哥小时候也养过一只天竺鼠当宠物。刚养的时候，哥哥天天都照顾，催着妈妈为天竺鼠买饲料，还每天为它清理大便。

可是没几个星期，他不宠了，不再管天竺鼠，每次他到地下室，天竺鼠认出他的脚步声，都会尖叫，哥哥却只当没听到。

照顾天竺鼠成为我和妈妈的工作。

直到有一天，天竺鼠死了，哥哥又好伤心地把它埋到后院，还放了一大块石头，说是为天竺鼠立的碑。

我问你，哥哥真爱天竺鼠吗？那天竺鼠又真是他的宠物吗？

当然称不上！你不宠它。怎能称它为宠物？还有，即使你宠它，如果只会逗它，却不照顾它，不对它负责，它仍然不能算是你的宠物啊！

孩子！爱是要负责的，不是只让"对方"逗你开心，你要理就理，不理就不理的。爱需要耐心，需要恒心，需要谅解，需要宽恕。

如果你照顾几天之后就不管了，如果你的宠物弄脏了屋子，或是咬你一口，你就生气，不要它了，你都算不得是有资格养宠物的人。

进一步想，如果有一天你谈了恋爱，只因为男朋友令你心烦、惹你生气，你就拂袖而去，你也算不得是个有资格谈恋爱的人。

孩子，别伤心了，你缸里不是还有"大金"和"小金"吗？

它们不是游得好快，看你走近，就赶快浮到水面吗？

来！我们快为它们换水加食吧！

来！打个电话向水族店请教请教吧！

如果你发现自己过去对它们的照顾不够，就为剩下的这两条鱼多付出一些吧！

选自刘墉先生作品《少爷小姐要争气》

被尊重的生命

> 这小妖怪，只要浇水，就会慢慢长大！

儿子的同学送他一个圣诞礼物。迷你的红色水桶里，坐着毛茸茸的玩偶，上面戴着一顶白色的小帽子，露出两只圆圆的大眼睛，水桶边上扎着一朵粉色的蝴蝶结，还插着朱红的圣诞果和青绿的叶子，放在书桌一角，真是漂亮的摆饰。

直到有一天……

我看到孩子居然往玩偶的四周浇水，过去责怪，才发现那毛茸茸戴着帽子的小东西，居然是活的！

"这小妖怪，只要浇水，就会慢慢长大！"孩子说，"因为它是一棵小小的仙人掌！"

可不是吗！在看来毛茸茸的小刺间，透出淡淡的嫩绿，那两只塑料的眼睛和帽子，是用强力胶粘上去的，小水桶里面，则装满粗粗的沙砾。

自从知道那是一棵活的仙人掌之后，每次经过孩子的门口，就自然会看到它，而每一触目，总有些惊心，仿佛被上面的芒刺扎到一般。

那桶中的沙砾经过化学材料调配，坚硬得像是水泥，仙人掌则被牢牢地锁在其中。它不可能长大，因为扎根的环境不允许。它也不可能被移植，因为连皮带肉都被紧紧地粘住。它确实是个生命，一个不被认作是生命的生命，向没有未来的未来，苟且地活着。

小时候，大人曾说熊孩子的故事给我听：走江湖卖艺的坏人，把骗来的孩子，满身用粗毛刷刷得流血，再披上刚剥下的血淋淋的熊皮，从此，孩子就变成熊人，观众只以为那是只特别聪明的熊，却没想到里面有个应该是天真无邪又美丽的孩子。

今年又听到一个故事：养鸡场在鸡蛋孵化之后，立即将公鸡、母鸡分成两组，除了少数几只留种之外，公鸡全被丢进绞肉机，做成肉松，并拌在饲料里喂母鸡，所以那些母鸡是吃它兄弟的肉长大的。

"那根本不是生命，而是工业产物，所以不能以一般生命来对待。何况那些小母鸡，到头来还是死，也就无所谓谁吃谁了！"说故事的人解说。

这许多命运不都是由人们所创造的吗？既创造了它们被生的命，又创造了它们被处死的命，且安排了它们自相残杀的命。

问题是，如果我们随便从那成千上万待宰的小雏鸡中提出一只，放在青青的草地喂养，也必然可以想见，会有一只可爱的、能跟着主人跑的活泼的小公鸡出现，且在某一个清晨，振动着小翅膀，发出它的第一声晨鸣。

许多国家都有法律规定，不能倒提鸡鸭、不能虐待小动物，人们可以为食用，或为控制过度繁衍而杀生，但对生命却要尊重。

可以剥夺，不能侮辱！

如此说来，那小小的仙人掌，是否也应该有被尊重的生命？

选自刘墉先生作品《爱就注定了一生的漂泊》

橡树与小草

有时为求生存，必须弯腰屈膝，甘于平凡；

鹤立鸡群，可能因出头而受累。

在一处人迹罕至、树木不生的原野，有一条老铁道，由于火车很少通过，所以不但铁道两旁，连铁轨之间也长满了小草。到葱茏的季节，小草们织成一大片绿色的地毯，把铁道也给淹没了，只有每个月唯一一班火车通过的时候，才让人们想起：原来这儿还有一条铁道。

某日，当火车又疾驶而过，小草们莫不低头行礼时，有一粒橡树的种子，从车上滑落，正掉在两轨之间。

"这是什么啊？"最先抬头的小草惊讶地叫。

"好像是颗种子。"所有的小草都伸长了脖子凑过来看，"但是为什么这么大？好像有我们种子的几百倍呢！"

"各位好！"橡树种子从昏迷中醒转，环视四周拢过来的小草，高兴地打招呼，并自我介绍，"我是一颗橡树种子。"

"橡树？"所有的小草都面面相觑，"我们从来没听说过啊！"

"我们这里没有树，只有草，我们世世代代生长在这儿，从来没见过半棵树，因为这里冬天特别冷，风又大，不适合树的生长。"一株比较年长的草，神情严肃地说，"我看，你还是快回到你来的地方去吧！"

　　"我已经来了，怎么回得去呢？"橡树种子愁苦地说，但是跟着环顾四周，又转忧为喜了，"这里多好啊！我喜欢这里，我不怕狂风和霜雪，决定在这儿生根，长成一棵高大的橡树……"

　　"好！"没等他说完，四周成千上万的小草，就发出一阵欢呼，"我们喜欢你，我们需要一棵树，我们喜欢一棵高大的树，我们要你来领导。"

　　于是橡树种子在这儿生了根、发了芽。起初他长得很慢，小草们由春天萌发，不到仲夏就能长到一尺高，所以夹在草丛中，除了叶子比较大些，小橡树并不怎么突出；当每个月火车开来的时候，小橡树也和小草们一样，早早就弯下腰，让那庞然大物从头上飞驶而过。

　　但是到了暮秋，小草们都逐渐凋萎、枯黄的时候，橡树虽然也落了叶子，却仍然直直地站在那儿。当火车开来，由于没有小草们的簇拥，橡树反而站得更直了，所幸火车除了前面保险杆会把橡树撞得个踉跄，车子的底盘倒不会再伤害他。所以当冬天过去，小草们又复苏的时候，都惊讶到小橡树仍然站在那儿。

　　"我的父亲有四十尺高，他的头经常遮在云里，他一伸手，就能摘下天上的星星。"小橡树总是得意地对小草们说。每次讲到这儿，小草们都会仰起头，把嘴张得好大好大，羡慕极了。"我们多高兴你能在这儿生根啊！"小草们说，"当你长到像你爸爸一样高时，我们就可以听你诉说天空的一切了！"

　　"我也会抓几颗星星给你们。"小橡树脸上泛着光彩。

　　但是小橡树也有他的烦恼，就是每个月火车通过时，小草们都一低头就过了，他却难免损伤几片叶子，有时还会折到腰，而且这种情况越来越严重。

　　"你为什么不把腰弯低一点呢？再不然，干脆躺在地上算了，等火车过了之后再站起来，何必跟火车去争呢？"小草们都这样劝他。

　　小橡树何尝不知道？可是他的身体硬，怎么也不可能躺下来，眼看情况越来越糟，他真希望自己不再长了，甚至缩小几分，跟小草们一样不是就够了吗？但在转念之间，他又想："为什么我不赶快长大、长高呢？如果我长成几人合抱的大树，火车也就算不得什么了！"

　　于是当小橡树折损小枝子，就赶快伸出另一条新枝；当火车刮去了他的叶子，就赶快抽出新绿。但是每当火车呼啸而去，小草们纷纷披倒，再站起的时候，小橡树又是遍体鳞伤。

　　当然，确定没有火车通过的一个月，小橡树又恢复了光彩，只是他发现自己的腰越来越硬，连躬身都困难了。

　　终于有一天，当火车又轰隆轰隆地远去之后，小草们发现小橡树已经被折断而死亡。

　　"你为什么不能跟我们一样弯腰屈膝？"小草们伤心地哭着，看着小橡树的尸体变为枯枝，被风吹去。

　　铁轨间、铁道边、铁道的四周，仍然是一片青青的草原，火车不通过的日子，这里真是无比宁静祥和，只偶尔听到小草们喁喁私语：

　　"做一株平凡的小草，是多么快乐的事！"

选自刘墉先生作品《不负我心》

心灵的接纳

我常想，帮助残障人，是平凡而伟大的事业，
因为上帝的不公平，能让我们以爱来填平。

　　带孩子去迪士尼乐园。假期，人多，在烈日下排着转来又转去的队伍；一个游戏常常得等上个把钟头，才轮得到。

　　脚疼、腿也酸。却见一个坐轮椅的人，在服务生的照顾下，另开一座"方便门"，没有排队，就登上了游乐器。

　　上千只眼睛看着，没有人表示异议。

　　在纽约乘公共汽车，常看到车子门边，写着"会跪的巴士"，遇到坐轮椅的人，前轮向里缩，偌大的车子，果然跪了下来，使轮椅很轻松地就能登上车。

　　当然，这跪的动作，是需要时间的，上下车的人，都得等待。

　　每个人都静静地等，甚至过去帮忙扶一把，没有人急躁。

　　在我教书的美国校园里，常看见一辆特殊的车子，后面有架升降机，专门接送残障的学生。

　　教学大楼的电梯，一般学生不准用，只有残障人和运送教具的老

师，可以用钥匙启动。

"学校不能拒收残障人，而且从收的那天开始，就得考虑他们的需要。为了一个学生，可能得花几万美元改善学校的设备。"入学部主任对我说，"残障人也有受教育的权利！"

台湾的电视节目，播出脑性麻痹专题。

一个麻痹患者艰难地一个字、一个字，颤抖着说：

"我去找工作，那家公司的老板同情地对我说：'你要坚强地站起来！'当他说这话的时候，有没有想想，什么事情能比我站在他面前，更来得坚强？我正勇敢地站在他面前，请他给我一份工作。"停顿了几秒钟，他伤心地说，"老板叫我回家等，我回家了，等了，没有得到通知……"

台湾残障联盟举办"开放空间残障体验游"，许多残障人坐着轮椅在选定的社区公园行进。

原本认为已经十分考虑到残障人的设施，居然一次又一次，意外地发现"障碍"。

事后，残障人在杜德公园举行记者会，说出了他们的感想：

"我乘轮椅进入残障专用的电梯，却发现按钮高得无法摸到……"

"我坐轮椅进入所谓残障人专用的厕所，才发现里面小得无法转动……"

"长长的斜坡道，是设计得不错，偏偏到上面有个高高的门槛……"

"当我滑过长长的坡道，发现有辆车子，正停在出口的地方，我不能像一般正常人那样跳过去、跨过去，只好等……"

"我因为腿部残障，不得不骑特别设计的机车，有时候小孩看见，居然把我当取笑的对象……"

电视台播出新的综艺节目，主持人似乎很幽默，有说有笑、有打有闹，突然被打的一个，脸上做出奇怪的表情，手一拐、腿一瘸，现场观众都笑了。

隔几天，也是打闹的综艺节目，主持人笑着对一位做滑稽动作的歌星说："（大意）你自己的邮政划拨账号，大概可以做残障人的慈善专户了。"现场观众也笑成一团。

"在台湾的街头，除了买东西，或是请人帮忙的残障人外，似乎自己出来活动或游玩的残障人并不多！"一位美国朋友对我说，"每个国家，都有一定比例的残障人，他们都到哪儿去了呢？会不会是躲了起来？"

"对我们残障人最大的帮助之一，是不要用特殊的眼光看我们，把我们当成你们中间的一个。"一位颜面伤残的人对我说。

"现在社会上的慈善人士，确实越来越多。但是平常不来，一到过年过节，就一批又一批地来参观；或是叫我们安排院童，四处接受捐助，接受采访、摄影，使孩子们疲于奔命……"一位残障中心的老师说，"帮助我们，但也请给我们安静！"

我常想，帮助残障人，是平凡而伟大的事业，因为上帝的不公平，能让我们以爱来填平。

正常人不牺牲，怎么可能填得平。

帮助残障人，要用手、用心、用眼睛。

用关爱的眼、平常的心、总是伸出的手去帮助！

那"手心"不一定都要朝下，做成"施舍"的样子。

更应该朝上，去欢迎、去接纳！

选自刘墉先生作品《迎向开阔的人生》

蝉蛹之死

一个死了！一个生了！死者原是生者的一部分！

既然后者要生，前者就必须死！那是生离？抑或死别？

还是只不过换了个身份，脱下一件衣服？

　　自从搬来这林间的房子，蝉鸣就更猛烈了。有时候细细听，竟觉得那声音像是浪涛，排山倒海，一波一波地袭来，只是声音虽响，却不吵，而且因为掩盖了其他的杂音，四周反变得更安静了！

　　只是蝉既多，便增加了许多可怕的蝉壳，树干上、枝丫间常挂着一串串褐色的小东西，冷不防地吓人一跳。

　　我本不该被吓，因为小时候不但常用竹竿卷上蜘蛛网，粘捕枝头的鸣蝉，而且专门收集蝉壳，据说那是一味药材，可以拿到中药店卖。小朋友们需求殷切，丑恶的蝉壳，也就成为至宝，每发现一个，不但不怕，反而有中了奖的兴奋。

　　说那蝉壳丑恶，是绝不为过的。虽然早成为空空的虚壳，却仍然面貌狰狞，死抓住树干不放，它是即使在死后，还坚持完成任务的。唯有这样，里面的蝉才能安全地挤出背上一个裂缝，再一步步地蝉蜕出来。想想看，那是多么艰难的一番挣扎，可不像茧里的蛾，只需咬破一个洞，就能顺利脱身。

　　那也不是蛇蜕皮能比的，因为蛇只有一条，蝉却有六只脚，且带着毛、连着刺，加上大大的头、圆凸的眼睛和薄薄的翅膀，丝毫无损地完成蜕变，岂是一件易事？！

正因此，那蝉壳就越得抓紧了，紧到里面的主子左摇右晃地挣扎，整个身躯都挤出来之后，还能安稳地攀在自己的虚壳上等待恢复。

它使我想到产后的妇人，面色苍白地躺在恢复室里，只是不知那虚壳是母亲？抑或脱出的蝉是孩子？又或它们都既是母亲，也是孩子？

一个死了！一个生了！死者原是生者的一部分！既然后者要生，前者就必须死。只是那壳若有知，是否要冤屈自己被遗弃？那生者在与虚壳相惜相守，一起成长十七年，终于钻出地表，见到光明，又奋力攀上枝头之后，在它决定脱离的刹那，又是否有一种痛心与不舍？那是生离？抑或死别？还是只不过换了一个身份，脱下一件衣服？

古人真是豁达，在中药里不称蝉壳，也不叫蝉蛹，而说那是"蝉衣"！

多么精巧的一件衣服啊！须眉俱在，毫发如生，怪不得成语说"金蝉脱壳"，妙的不是金蝉，而是令人疑惑的"蝉衣"！

或正因此，千年前的埃及人，就崇拜蝉，在金字塔里陪葬许多蝉形和甲虫的陶器，且涂上亮丽的蓝釉。中国人的老祖宗更用玉雕成蝉，放在死者的口中，成为"琀"。他们是怎么想呢？想那死者的灵魂脱壳飞去了？想那留下的尸身，并不是真正的死者，只是一件如同"蝉衣"般的"人衣"？！

但是否所有的蝉蜕都那么成功，它们会不会像妇人难产，蜕不出去？而真真正正地与那蝉衣同朽？

傍晚，推开后门，阶前一个颤动的小东西，吸引了我的视线，那是一个蝉衣？不！应该说是一只蝉！又应该说是一个未脱去蝉衣的蝉。但是没有蝉蜕的，是否能称为蝉呢？

便说它是蝉蛹吧！这蝉蛹似乎刚钻出泥土，正四处找寻可以攀爬的东西。虽然长了眼睛，但它好像是没有视觉的，盲目地向四方探索，攀住石阶，又滑了下去；进入草地，又翻身栽倒、仰面挣扎。

我没有理它，径自到院角坐着欣赏林景，只是回屋时发现它还不能自己翻身，尤其危险的是，附近有几只大蚂蚁逡巡。

顺着蚂蚁走去的方向望，更可怕的景象出现了，一只蝉已经身首异处，几只蚂蚁正钻入尸体的胸腔觅食，而那旁边离地不远的墙上，则有着一个完整的蝉壳。当然，我了解那是一只刚蜕出的蝉，还没来得及翩飞高鸣，就断送了生命！

我突然领悟，为什么蝉要坚持往上爬，必要到高高的地方，才开始脱壳。因为那里比较安全，使它们能有足够的时间，在没反应、无武装的情况下，完成蜕变。这使我想起武侠小说里形容闭关练功的高手，练成之后猛不可当，练功之时，却人人都可以置他于死地。

现在这仰面挣扎的蝉，就正要找个闭关的所在呢！

生怕落入蚂蚁的魔掌，我把蝉蛹拿起来，放到树干上，看它攀住了，才松手离开。只是刚转身，便听见啪一声，它又重重地跌回地面。

这大概是只笨蝉，自己没有本事攀高，又碰上强敌环伺。好人做到底，我何不为它安排一个蜕壳的地方，也正好观察那过程。

我把蝉蛹拿进画室，又找来块由垦丁买来的奇木，让蝉蛹在上面攀着，只是不知奇木因为打过蜡而滑不留足，抑或这蛹本身不够强健，它一遍又一遍地跌了下来。眼看天已黑，只好把它放回树下。

第二天一大早，我就冲到后院，想它应该已经攀在树干上，变成金蝉，却发现一只仰卧的蝉蛹，僵死在地面。

既攀不上，何不在地面蜕变算了？经过十几年的等待，难道还非要登上最高枝？抑或上天早限定了时间，若不能在几小时之内蜕变完成，就注定要死？又或是非找到一个自认安全的处所，否则它就宁可死在蝉衣之中？

它岂知未蜕变的蝉，依然只是只蛹，不能飞、不能鸣！如此说来，死死守着蝉衣，即使那蝉衣能千年不坏、万年不朽，又有什么意义？

"爸爸！你在看什么？"儿子突然探出头来，"哦！一只死蟑螂！怎么？咱们家有了蟑螂？"

我没答话，仰面向天，太阳穿过林梢，满林的蝉全叫了起来，先是抖抖颤颤地试音，渐渐找到共鸣的节拍，瞬间变得高亢。

我坐下来谛听，觉得那蝉鸣居然与往日的不同，带有一份特殊的欣喜，像是欢呼，又如同喝彩，哗啦哗啦地喊着……

选自刘墉先生作品《生死爱恨一念间》

奉献的大地

如果不把细密的网子放进池塘，鱼鳖就吃不了；
砍伐树木能找适当的时节，木材就用不尽。

小时候，我家院子里有一棵百年的老树，我常爬到树的枝丫上玩。邻居小孩把球扔进院子，也常翻过墙头，攀着那棵老树，到我家捡球。

有一天，家里不知为什么，把大树砍了。我看着那剩下的半截树干好伤心。过了几天，更伤心的事发生了——

家里失火，一下子烧成平地。

大树的风水

后来，一位会看风水的朋友对我母亲叹着气说：

"都怪你呀！好好的，为什么把树砍掉呢？树长得不对，可以坏风水；长得好，则可以养风水。你家里的气，全仗这棵大树聚着。供还来不及，怎么能砍呢？"

对他这种迷信的说法，我很反感，只是觉得看惯的大树，一下子空了，好不舒服，也有点不安。倒是有位朋友说得比较让我信服：

"树石、花鸟，跟人都是息息相关的。我们一天到晚生活在其间，我们的'气'感应了它们，它们的'气'也感应了我们。经过长久的相互感应，是不宜有大变动的。你以为只砍一棵树，其实树上的小鸟没了窝，螳螂、鸣蝉没了家，下面的苔藓没了荫庇，习惯于树荫的房子少了遮掩，连你的眼睛都不习惯，这影响可就大了。"

前人的一小步，后人的一大步

最近美国联邦政府对自然生态做的一项调查，也说出同样的道理。

做调查的生物学家说："我们不只是在这里或那里失去一种生物，我们失去的是一大批、一大批的生物。"

他所说的正是那"连锁效应"，因为一种植物或动物的死亡，造成连串的影响。

在电视上也见到一个感人的画面——

一群生物学家，用绳索垂降到夏威夷的悬崖上，拿着收集花粉的刷子，为一种植物的花朵进行"人工授粉"的工作。这原来应该是昆虫做的事啊！

想想，一只小虫，从这朵花飞到那朵花，是多么简单的事？何必这群人，冒着生命的危险，在几百米，甚至几千米的悬崖上工作呢？

因为，那种昆虫已经永远从世界上消失了。这些生物学家如果不做，很快地，那稀有的植物也将消失。

"前人错误的一小步，常要后人的一大步去补救。问题是，我们能这样做多久？又做多少呢？"生物学家吊在绳索上喊着，"因为人类的贪心，而让生物永远消失，是我们的耻辱。"

聪明的骆马与小鸟

最近在美国公共电视上，看到有关骆马的报道，也令我十分感慨。

　　骆马是生长在南美洲安第斯山的一种动物。它们有着长长的颈子、小小的头和细细的腿，又有着强大的肺，使它们能生活在五千米的高山。

　　印第安人认为骆马是上天的恩赐，因为它们不但肉可以吃、奶可以饮、毛皮可以穿，而且能帮人驮东西。

　　只是，骆马有点脾气，当它不高兴的时候，会对人吐口水。

　　影片里放出骆马吐口水的样子，追着人，呸呸地吐，有趣极了。更有意思的是它的嘴唇。生物学家说，骆马的嘴长得很特殊，它们在吃草的时候，不会伤到植物的根，使那些草能很快地再生，也使它们总有的吃。

　　电影里还介绍了骆马软软的蹄子，说那蹄子也长得巧妙，又能爬山，又能不伤到山上的植物。

　　它使我联想到纽约院里的小鸟。当我春天种菜，把种子撒下去，小鸟立刻飞来吃。可是过几天，种子发芽了，小鸟就再也不碰。

　　我常隔着窗子偷看，看那些小鸟，在我的苗圃间走来走去，发现它们居然能不伤到那些嫩芽。

　　等嫩芽长大了，结了籽，它们又飞来吃。

　　难道骆马和小鸟都懂得怎么"留一手"吗？它们为植物留一步"生路"，也为自己留了一步"后路"。

　　又难道，这也是骆马和小鸟能历经千万年，存续到今天的原因？

　　"物竞天择，适者生存。"这"适者"不一定是占有者、战胜者，而是能与周遭生物"共荣共存"者。孟子说："如果不把细密的网子放进池塘，鱼鳖就吃不了；砍伐树木能找适当的时节，木材就用不尽。"不也是同样的道理吗？

留给我们孩子的礼物

读到谢尔·希尔弗斯坦的童话书《奉献的树》。

一棵高大的苹果树，荫庇着一个孩子成长。

孩子在树下睡觉、捉迷藏，到树上摘苹果，还把名字刻在树干上。

孩子长大了，找树要苹果去卖钱。

树给了全部的果子。

孩子要盖房子，找树要木料。

树给了全部的枝子。

孩子要到远方去，找树要大块的材料造船。

树给了整根树干。

孩子年老归来。

"我已经一无所有。"树说，"倒还有个剩下的根，可以给你当椅子。坐下来休息休息吧！"

合上书，我想：

如果这大地，像那棵树，是"奉献的大地"，我们会不会是那个人？总是向大地要东西，要到彼此都一无所有。抑或，我们该从小小的年岁，就知道"该怎么拿"。

然后，当我们老了、死了，我们的孩子仍然能够拥有一个我们曾经拥有的——

奉献的大地。

选自刘墉先生作品《迎向开阔的人生》

Chapter **7**

做个世界人

成熟的人，不问过去，聪明的人，不问现在，
豁达的人，不问未来。

校园枪响之后

如果没有人被欺负、没有人被歧视、没有人被孤立、没有人去仇视，
只有人被关怀，那校园凶杀还可能发生吗？

"老师说只要有同学威胁你，就算他是开玩笑的，也要向大人报
告。"你今天进门就说。

然后看看爸爸和妈妈："你们一定不能随便听听，你们要小心听！"

"这是什么意思？"我不懂。

"老师说，前几天在圣塔纳高中开枪的那个男生，最少跟四个同
学说他要带枪到学校，就因为那几个同学以为他只是说着玩的，没有
报告，所以死了两个人，还有十三个受伤。"

然后，你拿出老师发的好几张剪报，剪报上还画着线、打着星星。
因为老师不但要你们看，还得写阅读报告。

我翻了翻剪报，上面写那个行凶的高中生，因为个子瘦小，招风
耳，嗓音又尖，常被同学欺负。同学不但打他、偷他的东西、对他吐
口水，还用装了尿的水枪喷他。

报道中又说，那些被同学排斥的，被同学叫成书呆子、小瘪三的
"边缘人"，也是最容易有暴力行为的人。

"所以以后不能随便欺负同学。"我感慨地说。

没想到，你立刻叫起来："本来就不能欺负同学！那两个吐口水、

261

用尿喷人的，都被打死了。"

隔了一阵，又过来讲："还有那个学校的警卫。被欺负的学生曾经向他报告，警卫不但不听，还笑他，结果那个警卫也被他开枪打伤了。"

听你说了一堆，好！现在轮到我说了——

你说你绝不会欺负同学，我也相信你不会欺负别人，但是你敢说自己绝不会排斥别人吗？

你不是常讲，不欣赏某个男生，说他太皮，你讨厌他，他惹你，你就踢他。又说不喜欢哪个女生，因为她好假、好会装吗？

相对地，你是不是会特别欣赏几个人，总跟那几个女生在一块儿？甚至坐车的时候，都要挤在一起？

你知道，有时候你换座位，都可能成为排斥吗？

说件真事给你听——

前几年，我在台北成立了"青少年免费咨商中心"，有好多中学生来跟我聊天，倾诉他们最苦恼的事。

有一个女生，才比你大一点点，一边说一边哭，原因是，她在班上被别的女同学排斥。

而她被排斥，却是由于她有一次在公共汽车上坐错了位子。

那一天，她和几个要好的女生一起上车，车上有空位，但是空位的旁边，已经坐了一个她们不欣赏的女生。

几个女生就说："讨厌鬼在那儿，不要过去跟她坐。"

可是这女生看那位子空着，而且那个女生正露出邀请的目光，她就过去坐了。

从此原来跟她好的女生居然不理她了，把她也列为讨厌鬼。气得她好几个晚上睡不着觉，功课一下子掉下来，甚至气得要自杀。

你说，是不是连坐车都能表现对别人的排斥，都可能伤害人，或被别人伤害？

孩子，你马上就要进入青春期了。

青春期就像春天，好舒服、好可爱，使你巴不得马上跑出去，享受那种春暖花开的感觉。

青春期的孩子，也渐渐有了自己的看法。开始觉得爸爸妈妈说得不一定对，反而同学说得有道理。

你会好高兴，发现好多同学跟你有一样的看法，父母不谅解的，他们谅解，他们由你的"知音"，成为你的"知心"。

渐渐地，你有什么小秘密，都不跟爸爸妈妈说，而去跟你的"知心"说。

于是，你们画出小圈圈，几个"志同道合"的，总是聚在一起。至于那些看法跟你们不一样的，甚至只是声音怪一点、肤色不同些，或是家里管教特殊一点的同学，都被你们排斥在小圈圈之外。

孩子，想想！如果有一天，你有了这样的小圈圈，那些被排斥在圈圈之外的同学会不会很伤心呢？

她会不会偷偷哭，觉得自己好孤独，人生好乏味？

你只知道她功课一落千丈、眼神里充满恨意，而且越来越不合群。岂知道，她的这一切，可能跟你有关？

孩子！我也有过青春期，那时候我念大同中学，总跟几个要好的同学，沿着新生南路，走路回家。

但是，我们从来不要另外一个同学加入，远远看见他也在路上，就故意放慢步子，把距离拉开。我们甚至偷偷用泥巴扔那个同学。

我们还编各种故事，讽刺那个同学，说他家养的猴子像他一样，小气贪心，有一次同学去他家，掉了一个五毛钱的硬币，立刻被猴子抢去吞进肚子。

同学气了，过去掐住那猴子的脖子，叮叮当当，猴子居然吐出十几个硬币。

我后来常想，那个同学有什么地方不对？他没有一点不好，只是特别会 K 书，K 书的时候不理人，又不"泄答案"给别人。

他是对的，没有不对，我以前为什么排斥他？大家又为什么要编故事去伤害他？我也常想，而今他在哪里？还可不可能见面？觉得对他有好多好多亏欠。

孩子！世界这么大，能够住在同一地区，进入同一个学校，真是了不得的缘分。

所以当老师告诉你们，如果有人敢恐吓你们，可以随时向师长报告，学校会立刻把"坏学生"停学的时候；当家长会催促学校装设各种监视设备和金属侦测器，防止校园暴力的时候，我心里想的，却是教你怎么去关怀同学——

当你和同学笑作一团的时候，要注意那躲在角落没有笑的人；当你为成功高兴的时候，要安慰那些失败者；当外校转来新生的时候，别怕他跟不上，拖垮全班的成绩，而要想想如果有一天你自己成为转学生，会不会遭遇同样的困难。

还有，当你坐在一个位子上，看到别人招手要你过去时，你应该先跟旁边的人打个招呼，说："对不起！他们可能需要我，如果你不介意，我就过去。"

你想想！如果没有人被欺负、没有人被歧视、没有人被孤立、没有人去仇视，只有人被关怀，那校园凶杀还可能发生吗？

选自刘墉先生作品《少爷小姐要争气》

以中华文化为荣

如果你希望自己能站得稳、立得直，

不要从一开头就在气势上输人，就应该从小培养自己的文化自尊。

小时候，我家楼下住了许多马来西亚的侨生，他们总以南洋咖啡的香味，把我"引"下楼，然后一边请我品尝，一边对我讲述棕榈林和橡胶园的故事——

棕榈果实成熟的时候，连不到十岁的儿童，都加入采收的行列。较小的孩子把果实集中，交给大孩子骑着脚踏车运送。

至于采收橡胶，则更辛苦。四五点钟就得起床，拿着小刀，沿着橡胶树皮割出一条条的沟槽，再把桶子挂在下面。

"不起那么早，收不到橡胶。太阳一出来，胶汁就不流了。"他们比手画脚地形容。从他们的笑容中，好像见到了童工的辛苦，也看到了童玩的欢乐，竟使我悠然向往，在心里勾绘出一幅幅"椰子涛、榴梿香"的南洋风景画。

住在树上，但坐电梯上去

1994年，应马来西亚侨社的邀请，我终于踏上了那块土地。只是当我到达吉隆坡时，见到的不是成片的橡胶林，而是成林的摩天高楼。

"外面的人都以为我们住在树上。"当地的华侨笑着说，"我们是住在树上，只是要坐电梯上去。"

那一次往返，我由马来西亚南方的新山，到北部的槟城，共进行了三场演讲，也在旅途中见到了向往已久的南洋景观。

马来西亚是个多民族的国家，华人、马来人、印度人，佛教、伊斯兰教、印度教，交织成丰富的人文景观。但是每当我走进华人社区，都觉得自己回到了中国。

演讲时，感觉就更强烈了。我原本以为当地学生的中文程度不可能好，必须讲得"慢而浅"。直到接触，才发现他们的程度一点也不比国内差，后来才知道，原来在华侨社团的努力下，许多孩子由小学到中学，每一科都使用华文教材。

流血、流汗，只为推展华文

记得有一天新山的侨领请我吃饭，微醺中，一位华侨说："刘先生，您知道吗，几十年来，为了推广华文教育，我们是真真正正地流血、流汗。"

另一位感慨地接过话："我们要缴两份税，一份给马国政府，一份给华文教育。但是为了推广母语，为了不忘本，我们心甘情愿。"

他们称国语为"母语"。事实上，他们的上一代可能来自不同的地方——广东、海南、福建。只是当他们聚在一起，必定用国语交谈，他们也要求自己的孩子学好华文、华语。

那一次离开马来西亚，我除了带着许多美好的记忆与友情，也带了许多华文教材。我要让美国的华人朋友看看，什么是"不忘中华文化的本"。

人不能忘本

1978 年，我是应丹维尔美术馆的邀请，担任驻馆艺术家，为向美国民众介绍中华文化而赴美的。后来转往纽约，在圣若望大学教书，也是推展中华文化。近几年更为了撰写"中国文明的精神"而经常到大陆，并在世界各地研究。

十九年跑下来，我渐渐发觉，推广中华文化的成功与否，不单在于我们有没有努力去做，更在于"中国人有没有忘本"。

记得有位韩国华侨对我说："我们韩国华侨，个个说中国话，中华文化才是真正伟大的文化。"他甚至指着地，夸张地对我说："你知道吗？在中国，我老家，地上挖个坑，再把土填回去，那土一定会高起来。可是在这里呀！那土不但不高，还低些，因为不实在。"

但是当我到日本，华侨子弟学中文的情况就大不同了。许多人除了日文原有的汉字，其他的中文几乎一概不知。

文化自尊在哪里？

至于美国，可能更糟，很多在国内已经上到小学中年级的孩子，移民美国之后，非但变得洋腔洋调，而且把中文全扔了。我起初非常不解。后来跟这些孩子的父母接触，才弄懂。记得一位父亲对我得意地说："瞧！我儿子现在英文说得多溜，真为我争了口气。"又强调一句："到美国嘛！就要像美国人，要不然怎么跟洋人拼？"

我不能说他错。只是奇怪，他为什么不想想，如果让孩子保持中文能力，有多大的好处。且不说阅读五千年的中文典籍，单看现在美国公司，为了发展中国市场，对中文人才的需求，就知道了。

在异乡做个挺胸的华人

最近看到电视上采访华裔名人张镇中,这位休斯公司资深副总裁,每天在办公室恐怕连讲一句中文的机会都没有,居然说他总是告诉孩子:"每天照照镜子,你是黄皮肤、中国人,要了解中国历史。"

我发现许许多多受高深教育的华侨,都会要求他的子女学中文、说国语,因为他的眼光远、眼界宽。他知道一个人先要不忘本,才能有文化的自尊、有独立的人格;也才能在一个有种族歧视的社会,不卑不亢地奋斗。

想想,当做父母的人,每天要求子女学中文,自己却表现出一副崇洋心态,梦想变成蓝眼睛的时候,他的孩子可能真用功吗?

想想,当你自觉中华文化不如人的时候,你在异国能挺起胸吗?只怕表面挺起了,骨子里也是软的。

想想,为什么在马来西亚、韩国,甚至华文受压制的印尼,中华文化都推广得比日本、欧美好?是不是因为前几个地方的华侨,打心底认为"中华文化更博大精深"?

各位年轻朋友!未来无论你在中国或海外,也无论你是用哪一种语言跟人沟通,如果你希望自己能站得稳、立得直,不致从一开头便在气势上输人,就应该从小培养自己的文化自尊,且从心底里告诉自己:

"我以中华文化为荣!"

选自刘墉先生作品《攀上心中的巅峰》

关怀地球，放眼世界

我们的新新人类做"世界人"，

对世界各国的文化都要有谅解、有宽容，平等对待他们。

因为当我们为他们打开一扇门，也等于为自己打开一扇门。

　　大约四年前，有一次我应邀到北京做活动，进旅馆房间，照例先用我的手提电脑上网，问题是，弄了半天也上不去，只好打电话到旅馆的商务中心求教。那里的人说他们会马上请专家跟我联络，跟着就接到一位小姐的电话，问一堆问题，又给我指导。但我还是上不去，就对小姐说："麻烦您来我房间看看好不好？说不定是我操作计算机的技术有问题。"那小姐说："对不起，太远了，过不去。"我又问："您在几楼？有那么远吗？"

　　小姐说："确实很远耶！我在马来西亚的吉隆坡。"

　　我后来想通了，为什么北京的旅馆会请吉隆坡的人帮忙。因为那旅馆有非常多的外国客人，在北京中英文俱佳的人工资很高，所以找到吉隆坡。那里的华人不但由于中文教育好，中文溜，又因为曾经是英国属地，英语的水平很高。

❧

　　同样的道理，印度也因为曾经是英国的属地，接受英文教育，国民所得又很低，所以美国公司常通过网络，把工作交给印度人做。

举个例子，过去在美国做核磁共振因为要专家判读，常常得等一个礼拜才能看报告，现在早上做完，下午传去印度，当美国人睡大觉的时候，地球另一边的印度人，已经在他们的白天分析好了。我还有位在纽约从事印刷工作的华人朋友，前天才把稿子给他，第二天已经排版设计完成，原来她把稿子发给甘肃的一家出版社，用纽约五分之一的价钱和快三倍的速度，完成了一样的工作。连我太太有一次信用卡丢了，打电话挂失，那电话都是由菲律宾马尼拉的小姐接的。

更匪夷所思的是，我不久前看美国新闻，说加州议会开会的新闻，是由人在印度的记者撰稿，因为反正有议会现场的网上传送，印度记者的英文不错，薪水却低很多。精打细算的美国人，就把脑筋动到了地球的另一边。

以上都说明，在教育新新人类的时候，必须扩大他们的视野。

过去想世界，可以用地图去想；今天想世界，要用圆圆的地球去想。也可以说，我们好像得从外层空间去看这个小小的、绕着太阳转的地球。

这么说，或许不够清楚，再讲个真实故事。有天半夜，狂风暴雨，我家屋顶漏水了，赶紧打电话给瓦匠求救。他在电话里问我什么地方漏，是不是在两大片屋顶交会的地方。我说不知道。他说："你非知道不可，因为今天的风雨都非常大。可能屋顶的斜面交会，水一起往那里流，一时流不下去，风又逆着吹，把水吹到瓦的缝隙里。如果真这样，风雨变小，就不会漏了，我也才知道明天怎么去帮你修。"

挂上电话，我太太说："天哪！三更半夜风雨又这么大，你能上屋顶去看吗？不行！不行！"

可是，我才花三分钟就得到了答案。你猜我怎么看到的？

我上谷歌地图，点几下就看到了我家的屋顶，连我家院子里的花盆都看到了。

　　这就是视野拉开、把心放大，从外层空间看地球的结果。因为这是个太空的时代，通信交通的发达，使世界一下子变小了。相对地，我们的想法和做学问的方式也得改变。譬如很多几千年前早已荒废的古道，一直不能发现，当你由太空摄影，却一目了然。同样的道理，许多由近处看无法解决的问题，把眼光一拉远，就可能面貌鲜明。甚至以前认为是负面的，换个角度都能成为正面。

　　譬如在近十几年，有很多台湾地区的男人跑去越南、泰国、印度尼西亚找老婆。那些外籍新娘因为不会中文，往往没办法辅导小孩子读书。于是很多人抱怨，这样会把下一代的素质降低的。

　　但是换个角度想，东南亚越来越繁荣，又是我们的近邻，将来我们一定跟那些国家有更多的合作，如果让这些外籍新娘，自自然然把母语教给孩子，使孩子中文也好，越南语、印度尼西亚语、泰语也好，将来发展不反而是优势吗？换个角度，如果中国人娶的是美国人，孩子中英文俱佳，大家又怎么说？认为说英文好，说马来语不好的人，是自己心里有一道墙，没拦住别人，反而拦住了自己。

　　所以我强调，今天应该教我们的新新人类做"世界人"，对世界各国的文化都要有谅解、有宽容，平等对待他们。因为当我们为他们打开一扇门，也等于为自己打开一扇门。越是像中国这样的大国，越应该敞开胸怀，如同大唐盛世，万邦来朝，除了将中华文化传播出去，也把外来的文化融合进来。今天的北京、上海，有了鸟巢，有了央视大楼，有了水立方，有全世界顶尖建筑师的参与建设。今天我们的国民是不是也对世界各国的文化、宗教、艺术敞开胸怀了呢？

　　由宇宙的角度看世界，越会觉得那是个"地球村"。以前管他哪个帝国发生战事，只要没影响到中国，我们都可以不管。今天一个地方的核电厂出了问题，某个地区有了核战争，立刻可能影响全世界。一个角落出了传染疾病，也因为交通的发达，没多久就能感染半个地球。甚至只是产油国家的一点动荡，就能立刻让我们加油的时候多付不少钱。

过去别人的航天飞机爆炸跟我们没什么关系，但是今天航天飞机里做的医药实验，很可能明天救我们的命。过去你对敌军丢炸弹，炸死越多越好；今天却要想想，爆炸的地方有太多无辜的平民和自己的侨胞、观光客。过去美国贷款公司是美国人的事，今天出了"次贷危机"，中国股市、世界经济都跟着遭殃。今天我们教育下一代当然应该把整个世界放进心中。

我们拥有世界，世界拥有我们，今天的新新人类，要建设中国、关怀地球、放眼世界。

选自刘墉先生作品《世说心语·教育篇》

尊重少数的情操

今天，我逐渐了解，
从弱肉强食、你争我夺的原始本性，到"老吾老，以及人之老；
幼吾幼，以及人之幼"的崇高人性，中间是有很长一段路要走的。

昨天晚上，你提到汤玛斯使用诡计，终于换课成功的事，真是太有趣了！让我想了一早上，还觉得余味无穷。

你说汤玛斯被分到有"屠夫"之称的数学老师班上，许多同学想尽办法退课，都被"屠夫"一眼瞪回去，只有汤玛斯编了一个稀奇的理由，很轻松地过了关。因为他说：

"老师！我信一种教，每天到十点钟的时候，必须独自去祈祷……"

这使我想起有位朋友买房子，看上里面一个雕花镜，要求屋主留下，屋主说："这是挂在墙上的、不算房子的一部分，所以我要带走！"

我那朋友灵机一动，也编了个理由：

"我们中国人非常重视镜子，认为一直挂在屋里的镜子，有镇宅的作用，不适合换……"

话才说出口，那屋主居然就答应了。

这两件事多么类似啊！我并不同意他们欺骗，却不由得不想：为什么原本很难办到的事，一抬出宗教信仰或迷信，就成了呢？

想了一个早上，我终于悟通——美国不仅是服从多数的民主国家，更是尊重少数的文化熔炉，他们尤其尊重那些难以改变的事实。

所以我们常看见电视和报纸上，以总统和政府官员做消遣，却未见对种族、性别和宗教信仰的讽刺。我们听到的话题，常是如何保障少数族裔和有色人种的权利，以及对残障者的照顾。电视台则不仅播出英语节目，更另辟频道给少数民族，以保存他们的文化特色。连世界著名的林肯中心，除了一般演出，每年还安排特别的档期，颁发"亚洲杰出艺人奖"。

经过南北战争和无数黑白冲突的惨痛教训，这个国家的人民开始了解，我们一方面乐见别人与自己相同的地方，一方面应该尊重彼此相异之处。真正的和平共荣，不是以人多势众来压制弱小声音所能达到的。即使达到，也不平等！不平等的民主，称不上真民主！

但不要认为"尊重少数"是件简单的事，因为没有胸襟的多数，不太可能注意少数的存在，而那胸襟是需要各种条件配合的！

每次看非洲野生动物的节目，我都对狮子和土狼特别感兴趣。当狮子呜呜低吼、大吃猎物的时候，弱势的土狼只有在旁边流口水的份。偶尔碰到耐不住饥馋，偷偷向前的，立刻会被狮子一爪子赶开。令人不解的是，那些带着幼狮的大狮子，甚至不让小的先吃，直到自己快吃饱，才轮到小狮子，最后整个狮子家族便懒洋洋地离开，躺在不远的草地上打盹，任由土狼抢夺剩余的猎物。

这也使我想起，二十年前到一个农家吃饭，只有男主人招呼客人上桌，他的妻子前前后后地端菜分羹，一群孩子则在门外张望，有个小的忍不住馋走进来，被母亲一巴掌打了出去。我如坐针毡地吃完饭，吞下的全像石头、梗在胸际。直到今天，还记得那孩子捂着面颊哭泣的眼神，这与非洲的狮子家族又有什么不同？

但是今天，我逐渐了解，从弱肉强食、你争我夺的原始本性，到"老吾老，以及人之老；幼吾幼，以及人之幼"的崇高人性，中间是有很长一段路要走的。也可以说，我们从小由只顾自己，到关爱家人，到尊重团体，乃至关心少数，甚至保护野生动物，需要一步一步地学。有些人一辈子都没能完全学到，其中最大的原因就是贫穷。

物资不足，确实会使人们失去优雅，所以我们在二次世界大战的纪录片中，会看到那些原本端庄的欧洲妇女，为抢面包而大打出手。

但是，相反地，崇高的人性，也很可能经得起最大的考验。譬如当泰坦尼克号邮轮遇难沉没前，明知救生艇不够，男人们却仍让妇女和小孩先上。多年前佛罗里达州航空公司飞机空难时，浮沉在致命的冰河里，一个男人把直升机垂在眼前的绳索，让给身边不认识的妇人，然后自己冻得休克死亡。

从这些故事，你会发现人们在文明进化的过程中，经过多少矛盾与挣扎，才能达到"己所不欲，勿施于人"，进而做到"己所欲，施于人"！甚至"牺牲自己，成全他人"！

如此说来，由尊重别人，服从多数，到尊重少数、接纳少数，不是很难得的境界吗？

让我说一个很平凡，却又令我极感动的经历：

某日我在长岛植物园写生，一群美国妇女有说有笑地走过，当她们发现蹲在花前的我时，突然放低了声音，彼此叮嘱地说："有人在画画，别打扰了他！"

二三十人，对我一个，这是多么不成比例，而她们竟然全体自我约束，显示出高贵的情操。

是的！那是高贵的情操！

尊重少数！

选自刘墉先生作品《肯定自己》

做个世界人

这个世界是以等比级数的速度进步，电脑已经在改良电脑，机器人已经在制造机器人。谁能保证《星际大战》电影中，各星族共聚一堂的事，不会在你我有生之年出现？

今早，经过你房门口，看你正在喷发胶，我说："如果有一天家里发水，由你负责！"

"为什么？"

"因为发胶里含有的氟氯烷会破坏大气臭氧层，结果阳光缺少了阻隔，造成地球温度升高，北极冰山融化，海平面上升，而我们家在海边，发水当然你要负责！"

"哇！"你笑弯了腰。

但我要郑重地说，别以为我是开玩笑，今天这个时代可跟以前不同了。过去当恺撒大帝杀入埃及的时候，中国的汉元帝正在大赦天下；当十字军在耶路撒冷屠城的时候，宋徽宗正在准备庆祝登基大典；当秦朝大将白起坑杀四十万赵国降兵的时候，印度正享受孔雀王朝阿育王的歌舞升平。

但是今天，当墨西哥发生大地震，台北立刻测到震度；当切尔诺贝利核辐射外泄，亚洲儿童喝的北欧奶粉，立刻有了污染的危险；当伊拉克侵入科威特，全世界的油价都猛然上涨。

这个世界不是越变越小吗?

据报道,再过二十年,飞机在大气边缘做跳跃飞行,从纽约到东京,坐飞机只需一个多小时。于是有一天,你可能在纽约上班,台北晚餐,加尔各答睡觉。

记住! 这个世界是以等比级数的速度进步,电脑已经在改良电脑,机器人已经在制造机器人;两德突然统一了,欧洲共同市场的国界几乎不见了,英法之间突然可以通车了。

谁能保证《星际大战》电影中,各星族共聚一堂的事,不会在你我有生之年出现?

最起码,如今你在曼哈顿,每天就接触很多不同人种。今天在纽约只会听正统英语已经不够了,我们必须适应中、法、日、韩、西班牙、印度乃至阿拉伯人的不同腔调。

记得你小学老师曾问:"如果有一天非洲码头大罢工,加拿大森林失火会造成什么影响?"

答案居然是:"我们就可能没有巧克力原料,也缺少包糖果的纸张。"

记得中学老师也对你们说:"虽然日本车造成许多美国汽车工人失业,但是如果我们不再进口日本车,将可能使日本人没有足够的外汇购买美国粮食,反促成军国主义复苏,而影响世界安定。"

这个世界已经小到巴黎时装界打个喷嚏,全世界的时髦小姐都会感冒的地步了!

你没发觉我们新订的意大利餐椅才运到,台北来的客人却说他家早有一套了吗?

你没注意朱经武在超导体刚有突破,全世界都加紧脚步,研究更高温度的超导体吗?

你没看到去年电视还报道,有些人用降血压药片磨成粉,配上酒精，做成生发水，而今这药已正式上市，排满一架了吗？

随着资讯的快速发展，最新的手术方法才在医学杂志发表，全世界的医生都可能立刻跟进，且在明天拿出更成功的病例。

如同太空人阿姆斯特朗那句名言："我的一小步，人类的一大步！"我们每天都可能走出全人类的一大步，别人也很可能随时帮我们跨出新的一大步！

今天航天飞机又要升空了，许多人都很注意这件事，因为听说在无重力状态下合成的药剂，很可能使艾滋病的治疗有突破性的进展。

但是想想以前，有几个人会关心太空科学呢？

记得我们每次去纽约自然历史博物馆，进门最先看到的那只大标本鸟吗？

它的名字叫"渡渡"，是原产毛里求斯的大鸽子，只因为不能飞，在上个世纪末期绝种。博物馆的导游总是遗憾地说："渡渡很可爱，很温驯，却全被'文明人'打死了，真是人类的耻辱。我们不能再让世界上其他的动物绝种，那是我们的责任！"

是的！保护野生动物、保护亚马孙丛林，维护臭氧层和所有生态的平衡，全是我们的责任……

因为这是个小世界，而我们身为"世界人"！

生在这个时代，你的眼光要远，胸怀要广。

某部电视剧里感叹中国人过去没有走向海洋，我则建议你：想要未来成功，你必须现在走向世界！

选自刘墉先生作品《肯定自己》

Chapter **8**

不负我心，不负我生

上帝给每个人同样的时间，只有那事半功倍的人才能有过人的成就；也只有知道计划的人，才能事半而功倍。

取与舍

少年时取其丰；壮年时取其实；老年时取其精。

少年时舍其不能有；壮年时舍其不当有；老年时舍其不必有。

　　"取"是一种本事，"舍"更是一门哲学。没有能力的人，取不足；没有通悟的人，舍不得。

　　舍之前，总要先取，才有得舍，取多了之后，常得舍弃，才能再取，所以，"取""舍"虽是反义，却也是一物的两面。

　　人初生时，只知取。除了取得生命，更要取得食物，以求成长；取知识，以求内涵。

　　既然长大，则要有取有舍，或取熊掌而舍鱼，或取利禄而舍悠闲，或取权位而舍性命。

　　至于老来，则越要懂得舍，仿佛登山履危、行舟遇险时，先得将不必要的行李抛弃；仍然嫌重时，次要的东西便得舍出；再有险境，则除了自身之外，一物也留不得。所以人到此时，绝对是舍多于取，不知舍、不服老的人，常不得不最先落水坠崖，把老本也赔了进去。

　　如此说来，人生是越取越少，越舍越多，怎么办呢？

283

答案是：

少年时取其丰；壮年时取其实；老年时取其精。

少年时舍其不能有；壮年时舍其不当有；老年时舍其不必有。

选自刘墉先生作品《点一盏心灯》

不负我心，不负我生

不负我心，不负我生。世间本无法，法在我心！

有位读者写信给我，劈头就问："您说自己的处世原则是'不负我心，不负我生'，又讲'世间本无法，法在我心'，这表示您什么都不信，只信自己了。"

我当时一怔，觉得不无道理。但我并非刚愎自用，大不了是相信自己认知的事。而且这两句话不一定是我发明的，所以我又上网查"不负我心，不负我生"。网上一下子跳出几百万条，居然没见什么古人的名字，只见到引述我在不同地方提到这两句话，搞不好，"不负我心，不负我生"真是我造的。

问题是，我从什么时候，产生这"想法"呢？大概得从小时候说起了：

初中一年级，学校发给每人一个小册子，封面上印着"日行一善日记"，大概因为那时候提倡日行一善，所以规定每个孩子要记下善行。导师说得好："你可以一天行三善，但是分开三天写，绝不能空白一天，只要有一天没行善，就扣分，而且是扣操行分数。"

"日行一善日记"每星期缴一次，到了那一天，只见大家抓耳搔腮，绞尽脑汁地编"善行"，记得我旁边桌子的同学，天天写"帮爷爷擦屁股"，不知是真是假。

　　我当时最常写的是"熄灭遗火"，意思是有没灭的火种，可能造成火灾，我把它熄灭。为了不撒谎、不编织假的善行，我好几次差点被车撞，因为当我过马路的时候，看见未熄的烟蒂，会立刻停住步子，甚至猛地往回跑，过去把烟踩熄。

　　今天回想起来，我是从小就有"强迫症"，因为不但看到烟蒂，管它灭了没有，我有非踩不可的冲动。而且好几次在路上看到香蕉皮，当时没管，却越走越不心安，最后不得不回头把香蕉皮捡起来。甚至上大学都一样，有一回在地下道台阶上看到个空瓶子，没理睬，都走到街对面了，心不安，又跑回去把空瓶子扔进垃圾桶。

　　我为什么不安？是良心不安！因为我会想，如果一个孕妇不小心踩到香蕉皮或瓶子，摔伤怎么办？我还想得更远：说不定那孕妇怀的孩子将来能成为伟人，改变人类的历史，这一摔，对世界的影响可大了。而我如果不及时把香蕉皮和瓶子捡起来，这罪过也大了！

　　后来，在谈命理的书里，居然看到类似的说法。譬如讲一个人莫名其妙地好命，可能不是他自己修来的，而是他的祖先积德，那"德"又不一定是修桥补路，而可能是在街上移开一块石头，在溪边放生一只王八。套句现在的流行语"蝴蝶效应"，就因为那么个小动作，竟然产生连锁反应，改变世界。如果变得好，当然是积了大德，所以即使没报在当时，也会报在子孙。

　　我这"不负我心，不负我生"的想法，到中年更严重。我太太一直到今天都怨，我有一阵子到了睡觉前就犯毛病，不是说自己写了文章没画画，就怨画了画没写文章，再不然怨书读少了。听她这么说，我的答案很简单："怎不说我向圣人看齐呢？这不是曾子的'一日三省吾身'吗？还有黄山谷说'三日不读书便觉面目可憎、言语乏味……'"可见跟我有同样毛病的人不少，他们不靠外力逼，而靠自省，往往能有成就。

三毛显然也犯这毛病，她有篇文章好像就叫《不负我心》，说她晚上心不安，正不知怎么形容那种心境，看到我文章中的"不负我心，不负我生"，觉得"真是一言中的"。可不是吗？她有一回打电话给我，说只为写两千字的东西，已经五天没出门了。我问她："谁在催稿？"她说："没人催，是自己在催。"

"自己在催"比什么都重要，想想，一个孩子，大人不催不学习，跟自己催自己学习，哪个管用？自己催，凡事希望"不负我心"，是忠于自己、忠于良心。就算过度了，成为工作狂、偏执狂，甚至有"强迫性行为"，也比凡事被动来得好哇！

我很喜欢英文 dignity，可惜中文没有完全对应的字，翻译成"庄严"，太表面了！翻译成"自尊"，又太自我了！翻译成"被别人尊重、肯定"，又太被动了！ dignity 既是对外自信的表现，更是对内的自我肯定与期许。它不应该因为别人肯定才自我肯定，更不能为了得到别人肯定而刻意表现。

记得有一回，我跟太太去花店买连翘花，当时高速公路两边都在盛开连翘，太太笑说："路边伸手拔一棵不就成了，足足省下三十块美金。"我的回答是："我的 dignity，远超过这三十块钱。"

也记得以前有位开画廊的朋友，聊天的时候说当人问他往哪个方向去的时候，他如果往西，却不愿透露，他会讲"我没往北去，也没往南去"。

别看他淡淡的这么一句话，却深深留在我心，而且在文章里再三提到。尤其是他说为什么只要撒个小谎就成了，他却坚持不做。是因为他人格的价值远远超过那句谎言。

前两天看电视上有关梅兰芳的报道，说日本侵华的时候，梅兰芳想尽办法推辞演出。又说二次大战之后，梅兰芳去日本找他的一个老朋友，从东京找到大阪，终于有了消息，可惜是个坏消息：那朋友已经死去多年。

梅兰芳依然去那人家中，鞠了躬，并在桌上留下一副景泰蓝的袖扣，是"二战"前答应那日本友人的。

我关了电视，想梅兰芳的演出，想《梅兰芳》的电影，觉得都不如刚才看到的那副袖扣。我也想起挂剑的季札，《诗经》里说的"不愧于屋漏"（意思是在最没人见到的地方，也不做亏心事）和《论语》里的"久要不忘平生之言"。

不负我心，不负我生。世间本无法，法在我心！

选自刘墉先生作品《不疯魔，不成活》

超越时间的藩篱（一）

用时间的第一原则，就是要有弹性，
分清完整时间和破碎时间、嘈杂时间和安静时间。

　　上帝给每个人的时间完全一样，但是会不会用，能造成很大的差异。如果你看过我的处女作《萤窗小语》（这本书的前三集在大陆出版的书名是《心灵的四季》），大概会记得有一篇文章的题目是《四个三十不等于一百二》。那是一位企业界的大老板对我说的，他每天早上九点上班，才进办公室就一堆事，可能前脚才有主管报告，后脚又有工会人员抗议，接着客户造访，加上不断的会议和电话，难得有空下来的时间。但是有一天他刚从美国回来，有时差，早早就醒了，干脆去办公室上班，结果那天由七点到九点，他做的事比平常两小时多得多。所以他得出个结论，四个被打断的三十分钟，不等于连续的一百二十分钟。

　　据说美国微软的创办人比尔·盖茨早就如此，他每天上班，车子开到公司，不直接坐电梯上楼办公，而坐在停车场拨手机，把最重要的电话先打了。

　　大企业家要把握每一分钟，分出安静时间与喧哗时间，一般人也一样啊！譬如我以前有一阵子在上班的时候写稿子，下班的时候给读者回信。后来发现错了，因为上班常有干扰，那稿子断断续续，写得既慢又不好。倒是写信没这么讲究，所以改为上班写信，下班写稿子。表面看起来，我上班没做正事，做杂事，反而下班之后做正事。问题是，这样的效果好得多。

同样地，很多学生因为第二天要考试，把准备考试、背书当作最优先的工作。放学回家，才吃完晚饭就开始背那几样，到了深夜才做一般功课。表面看来很对，但是如果家里吵，他又容易被干扰，恐怕反而不如先在比较嘈杂的时候做功课，等深夜安静了，再专心背书。如果他的毅力够，甚至可以先睡个小觉，半夜起来念书。因为用时间的第一原则，就是要有弹性，分清完整时间和破碎时间、嘈杂时间和安静时间。

另外，用时间必须分清楚长时间和短时间。

当我儿子上高中的时候，有一天回家，说接下来一整个礼拜放长假，放完再过两天要期中考试。我问他有什么计划，他说当然应该先准备考试的东西，因为要花很多时间背。我说，不错啊，未雨绸缪，早作打算。他又说要去图书馆找些文学名著来看，我说很好，"取法乎上，能得乎中"，看课外书很对。他又说要找朋友聊天，我说也不错，"独学而无友，则孤陋而寡闻"，交朋友是重要的。

一个礼拜很快过去了，到了上课前两天，我听见他要妈妈开车，送他去图书馆。我问他："才借的书就要还了吗？"他说："不是！是要找参考书，写参加西屋科学奖的报告。"接着去借了一堆，连着两天昏天黑地读书、写报告。礼拜一，总算把报告交了上去，放学进门，都累得不成样子了，我叫他吃完晚饭快点去休息，他却愁眉苦脸地说："不行啊！明天要期中考试。"我说："你不是放长假的前两天，就先念了吗？"他说："可是隔太久，这两天又几乎没睡，把背好的东西忘光了。"

请问，他犯了什么错？他就是没有把大时间跟小时间分清楚。那个长假加上星期六，星期天，足足有九天，他为什么不一放假就去借参考书，用大时间写西屋科学奖报告，等有闲暇才看小说、找朋友聊天，再利用考试前两天背书？背的东西当然越靠近，记忆越清晰，他怎能在放假一开始就背呢？西屋科学奖的报告，又岂是一两天赶得好的？就算赶出来，又可能得奖吗？

会用时间的人，定要有通盘的规划。记得英国的前首相撒切尔夫人，在记者问她如何日理万机的时候，撒切尔夫人说，很简单，她只是把要做的每件事写在笔记本上，做一项就划掉一项。

乍听，这没什么稀奇，别说英国首相了，很多家庭主妇也如此。这样做好处很多，全看做的人有没有好好发挥其中的效果。你知道先把事情一条条列下来，做一项删一项有什么好处吗？第一，写下来，看得清楚，可以避免遗漏。第二，你可以依照事情的轻重缓急和性质，决定做的顺序。第三，你可以把相关的事情放在一起做，节省时间，产生事半功倍的效果。

我举个很简单的例子，来考考各位读者吧！

我常常拍摄很大的"四乘五英寸"的幻灯片，这种专业的东西，必须送到纽约曼哈顿的专门店冲洗，而且最少得等四个钟头才冲得好。因为曼哈顿距我家很远，我每次都顺便去逛博物馆和书店。请问"冲幻灯片""逛博物馆"和"买书"这三件事，我应该怎么分配？我是先逛博物馆，再去买书，最后去冲照片？还是先去买书，再提着书逛博物馆，最后去冲幻灯片？抑或是我先把幻灯片拿去冲，然后去逛博物馆，而后买书，再去取幻灯片？

我必定取最后一个。因为冲幻灯片要时间，我何必在那儿干等？书很重，如果买一堆，提去博物馆，多累！我当然先把幻灯片交给店里冲，两手空空、轻轻松松逛博物馆，再去买书，最后才去拿冲洗好的幻灯片。如果幻灯片不多，没有盒子装，我还可以往书里一夹，不怕被折到，接着坐火车回家。

请千万别觉得这是琐碎的小事，要知道积少成多，当你把事情分配好，能够省下惊人的时间和精力。我因为要画画、写文章，甚至做节目、演讲、出版，有些事必须要有安静的心情，有些情况却又很喧哗烦乱，必须在时间上精打细算。说出来各位可能不信，我连由书房到厨房，都会先想好，一路经过客厅、餐厅，要顺便做什么事，拿起什么，放下什么，免得忘了，再多跑几趟。更重要的是，我必须一时两用、一时三用，这很重要。

选自刘墉先生作品《世说心语·成功篇》

超越时间的藩篱（二）

> 不会用时间的人，一个是因为犹豫，一个是因为拖，
> 更关键的是他不懂得在同一个时间做几件事。

　　我有个女学生，人长得有点抱歉，却嫁了个学历好、长得帅，还很有钱的丈夫。大家都说她丈夫是瞎了眼睛，但是我知道没瞎，而且眼睛好极了，果然，他娶了这个女生之后，事业蒸蒸日上。

　　我是由很多事情上看出那个女生有才能的，不是因为她的画画得好，而是发现她做事非常有效率。随便举个例子，有一天，她请好几位教授到她家吃饭，那时候她还单身一个人，居然能在很短的时间内，不但亲自烧菜，而且不断从厨房跑出来，为这位泡泡茶，为那位添添酒。端出一桌菜之后，坐下来，敬酒夹菜，饭后再很快地一个人撤走一桌碗盘，同时端出咖啡和水果点心。七八位客人到她家五个小时，居然没一个人被冷落，甚至觉得整个晚上她都在客人之间穿梭，不曾进过厨房。

　　从烧饭这件事，很容易看出一个人会不会用时间。有些人择择洗切，做完这个菜，再择择洗切，做下一道。结果没几样菜，可能花掉很长的时间。至于会用时间的人，从买菜回家，哪样进冰箱、哪样留在外面解冻、哪样已经泡在水里，已经有了分配。需要慢火煮的、花时间腌的、在烤箱"预热"的，一定先动手，至于切切洗洗，也一次

完成，如果再加上有几个炉子，左边炒、右边炸、后面蒸、旁边煮，可能只要前面那人一半的时间，就端出好几道菜，而且每样的火候都恰到好处。古人讲，"治大国如烹小鲜"，能说有错吗？

或许有还在念书的读者会说自己不烧饭，不懂。那么我举个我儿子的例子给各位听。刘轩那时候念纽约的史蒂文森高中，功课重，夜里两三点上床是很平常的。有一天，他十二点对我说："今天没功课，可以早点睡。"我听了很高兴，却隔了半天，听到嘀嘀嘀的声音。"你在干吗啊？"我问。他说："我饿了，在用微波炉。"又隔一下，听到咔咔咔的声音，我又问他，原来他正用刀叉在瓷盘子上切东西吃。我说："快去睡吧！"可是又过一阵，我被哗哗的声音吵醒，原来他因为白天打球，身上酸，要泡澡，正在放洗澡水。又隔半天，被收音机报新闻的声音吵醒，原来他在听实时新闻，看会不会因为下雪，明天停课。又隔半天，听到砰的一大声，我跳起来问："怎么了？"他说："抱歉！明天要上课，我收完书包，扔在地上。"隔一阵又听到放水的声音，原来他在刷牙。这时候看看表，已经一点半了。

请问，他真需要这么多时间吗？换作是我，先打开水龙头放洗澡水，再把食物放进微波炉，再打开收音机。然后拿着热好的东西跳进浴缸，边听广播边泡澡，知道要上学之后，再一边刷牙，一手收书。哪需要九十分钟？是不是用一半的时间足够了？

不会用时间的人，一个是因为犹豫，一个是因为拖，更关键的是他不懂得在同一个时间做几件事。也可以讲，他的时间是"单线"的，没有重叠。问题是，如果他要裁好几张一样大的纸，是不是也一张张裁，而不懂得几张一起裁？搞不好，真是！

教新新人类，要容许他们一心三用，当父母师长看见孩子一边MSN聊天，一边读书，一边听音乐，还一边在网上查数据，甚至一边写东西的时候，只要孩子能应付得了，就别骂他，因为如果他能几件事一起做而且有条不紊，将来更能成功。

同样的道理，各位年轻朋友，如果你上网，每查一个东西，都呆呆坐在那儿等着连接下载，结果半分钟能看完的东西，你得花一分钟去等，你就得好好检讨了！别小看一分钟，十个一分钟就是十分钟。这十分钟你可以做很多事啊！你想想，篮球比赛，就算剩下最后三十秒、二十秒，甚至十秒钟、五秒，是不是都可能扭转颓势、反败为胜？在这个速度的时代，你必须从小就懂得"精算时间"。如同我上一篇里提到的，你要分清楚安静时间、嘈杂时间、完整时间、破碎时间、长时间、短时间，而且按照轻重缓急安排时间。即使从书房到厨房，都想想一次可以顺便做多少事，免得后来想到，重跑一趟，更别说你出远门办事了。

还有一点，是你要以时间来争取时间。我以前教书的时候，有位同事走路总是很快，有天我跟他开玩笑，说："你走那么快，人影从我门口一闪而过，会让我紧张，以为失火了，闹小偷了。你的自由影响到了我的自由。"那位教授先跟我道歉，接着请我去他的办公室瞧瞧。原来他摆个大躺椅，旁边有音响、有耳机，还放了一台他专用的咖啡机。他说："我是要利用每个空当回来听音乐、喝咖啡，享受我自己的时间。"

再举个更实在的例子。有一天我打电话给纽约曼哈顿的一个朋友，说我下午会进城，有空见个面吗？他在电话那头说："我正光溜溜耶！"我说："穿衣服出来啊！"他笑说："对不起，我正在南部的佛罗里达游泳！"我一怔，问他："怎么？你又度假去啦？你一年度多少个月假啊？还上不上班？"各位猜，他怎么答？他说："我一年最少度四个月的假。"然后强调："你要知道，我是搞创意的呀！我平常做事讲求效率，绝不拖，所以能在很短的时间把事做完，争取到度假的时间。然后，我完全放松，很可能就是在游泳池旁边晒太阳的时候，突然灵光一闪，有了新的创意，用这创意赢过别人，"

可不是吗？与其拖拖拉拉和发愣，把时间一分一秒浪费掉，不如抓紧时间，以时间争取时间，把握小时间，创造大时间，使自己能在繁忙之间，有完全放松的时刻，让许多想象、创意和浪漫，好像在块空白的画布上纵情地挥洒。

会用时间的人不拖延、不瞎忙，而是有计划地分配时间。忙碌之间要休闲，休闲才能产生创意、积蓄力量，让你走更远的路。

选自刘墉先生作品《世说心语·成功篇》

倾听心灵的声音

> 一天无论多忙，也找个机会静下来，倾听自己心灵深处的声音吧！
>
> 人生百忌！忌不倾听。

就算你没看过心理医生，也在电影里见过吧。

一张躺椅，病人躺在上面一个劲儿地说，医生则在旁边听，只偶尔问几句。

天哪！这心理医生多好当啊！没讲几句，只有听，就能按时计酬，赚进大把的银子。

问题是，可能那病人就需要倾听，他遭遇的问题只是没人听他讲话，许多心结纠在心里，解不开，成了病。

你或许要问，他没亲人、没朋友吗？当然有，只是亲人就会倾听吗？

请想想，你多久没听你最亲爱的人倾诉了？那是倾诉，不是一般交谈，只有当你们静下来面对彼此，把手上的事情都放下，好比躺在心理医生那长长的椅子上，再娓娓道来。

有倾听才有倾诉

没有人"倾听"，是不会有人"倾诉"的。许多人想倾诉，或者找到机会倾诉，才说几句，对方已经开口打断了。尤其碰到忙碌和自以为是的人，你才说几句，他已经插嘴，好像你要说的他早猜到，接着由他说一堆。这是多懊恼的事？有时候根本是伤害。

可不是嘛！想想医生是不是应该让病人倾诉病情，再把各方面的问题整合，决定诊疗的方向。但是今天除了专业的心理医生还可能"倾听"，一般医生有几个不是病人没说几句，已经低头开单子，叫下一位进来了？

再想想家人，就算到了假日，一家聚餐，该是交谈的好时候了，却不是这个手机响，就是那个手机响，再不然一个个低着头，各自沉在网络的世界。才端上一道菜，"低头族"已经拍照，传给一堆朋友。地球另一边，还可能有人正等着跟他视频。天涯仿佛成为咫尺，咫尺却成了天涯。

连走在路上，坐在车里，也见到一个个低头族。有一回我坐地铁，突然停电，车厢里却是亮的，因为大家的手机都开着，好像夜色中千家万户的灯火。而且这种灯火在家里的灯火都熄灭的时候，还可能开着。君不见多少人不是在黑漆漆的卧室打手机吗？

倾听别人也是倾听自己

当然，深夜打电话可能是一边倾诉，一边倾听。只是在那不能面对面，又要考虑通话费的情况下，能尽情倾诉吗？更严重的是，当你从早到晚都闲不下来，非但没能跟亲人倾谈，更失去了对自己说话的机会。

倾听自己心里的声音，自我反省、自我鼓舞，比什么都重要啊！

什么叫"顿悟"？顿悟是自己突然想通，瞬间领悟。如果众声喧哗，连一点安静的时刻都没有，能够顿悟吗？只怕汲汲营营，连很容易看清的事都看不清了。

我有位朋友遭遇一堆困扰无法解决，有一天忙得筋疲力尽，回家躺在浴缸里，突然大叫一声，接着问题就解决了。

他太太好奇地问怎么回事，他说明明是很简单的问题，过去忙得没时间想，当天躺在浴缸里，静下来，一下子就想通了。

当我们每天从早到晚都开着手机，不是打进就打出，好像很忙碌的时候，会不会连最简单的问题都无法面对，连自己的心声都听不到？

用倾听学习

倾听，要"倾"，倾所有的注意力，敞开心房聆听。我们日常都在听，但是很少倾听，岂知倾听是最好的学习。

想想小娃娃，他们是怎么学会说话的？刚生下来的娃娃，眼睛还看不清呢，已经开始倾听，听妈妈爸爸说话，听每种世上的声音，然后在心里组合，所以才两岁，他们已经能说话，甚至说很长的句子。

相对地，那些缺乏照顾，少被关爱的孩子，倾听说话的机会少，心智语言的进展就慢。

耐心听别人诉说

倾听也表示尊重与关怀，如果对方不值得你信任，一副心不在焉的样子，你不可能对他倾吐。

真正懂得倾听的人，就算心里已经不耐，也要压着，让自己静下来，眼睛看着对方，听对方说话。即使中间被打断，他都要主动说："刚才你讲一半，继续啊！"

想想，如果正倾诉的是你，原先讲到一半，以为不能继续了，而且其他人已经纷纷转变话题，这时却有一位不仅前面专心听你说，此刻还叫大家安静，请你继续把话讲完，这时候，你会多感激！

每天都要倾听

倾听别人的失意，也倾听别人的得意。当他失意时，你的倾听可以让他觉得不孤独，得到心灵的慰藉。当一个人诉说得意事，你也要倾听，他得意地说，当然希望你知道，就算听来很不怎么样，也不能泼冷水，而要想：他只有这点可以吹的，就让他好好吹吧！这时候如果你再附和两句，鼓个掌、喝个彩，他就更高兴了。

所以倾听也是交际的技巧、处事的方法和为人的美德。

每天找机会，暂时把手机关上、把电视关上，面对你熟识却久未深谈的亲人、朋友，倾诉自己、倾听他们吧！

一天无论多忙，也找个机会静下来，倾听自己心灵深处的声音吧！

人生百忌！忌不倾听。

选自刘墉先生作品《人生百忌②》

描一次心灵的地图

当有一天，我们离开这个世界，

会觉得自己活了一生，还是只觉得活了几天，

全看有没有思考、回味、咀嚼……

有个老同学和他的太太吵架，太太气了，偷偷到旅行团报名，一个人不辞而别到欧洲旅行去了。

老同学跑来诉苦，说了一大堆他太太的不是。

我静静地听，听完了，半天没搭腔，终于忍不住地说："作为你的老同学、好朋友，我想我不能不告诉你，这不能怪你太太，该怪你，因为这两年你变多了。大概因为人过中年，有点急功近利，远不如以前潇洒。你那心情的压力，也总是让人感觉得到。"拍拍他，我小声地说："你知道吗？连我现在都不愿意跟你一起出去玩了。"

接着，我回到美国。静下来，想起自己说的那些话，觉得太重了，很过意不去，又打电话给他："要不要到纽约来？由我招待。一个人留在台北多寂寞。"

"不要了，我很好，不觉得寂寞。"他在那头回答。

"你在干什么？"我开玩笑地问。

"在看照片。"

"看照片？什么照片？"

"看我以前的照片，还有我们一起出去玩的照片。"他说，"你说的没错，我这两年是变了，只是自己不觉得。看照片才发现，以前笑得多么开心，现在笑得多么勉强。"停了一下，很感慨地："把过去和她的照片整个翻一遍，也才发现我们在一起这几年，其实也有很多很快乐的日子，现在吵架，真不应该……"

十年没开画展了，直到我最近打算出一本有文有图的书，才把十年间的作品纷纷拍照、分色、制版。

印刷前的打样出来了，三十多张画都校了色、修了边。为了编排，我把它们按照创作的时间，在桌子上排了一列。

排好了，一张张看下去，才惊讶地发现，虽然以为自己的画风十年来没什么改变，实际年年在改，年年在变，近期的作品和十年前已经大不相同了。

"是不是年纪大些，眼力差些，我工笔的作品减少了？"

"是不是胆子更大了，所以笔触变得更豪放了？"

"是不是受到西方的影响，有些立体主义的样子？"

"是不是因为有了女儿，心情更开朗了，所以画面变得比较明艳？"

我一张张地看，好像看到过去十年的岁月从笔底流过。"作品即生活"，每张画，无论画的是花鸟或山水，总藏不住我创作时的心情。

而心情竟然有那么大的改变。

在电视上看到一个老影星的专访。

年轻时美丽妖娆的女子，早已进入中年。脸孔上少了艳丽，多了智慧；眼睛里少了流波，多了深潭。

"我跟我母亲从小就合不来，总是争吵，再不然就谁也不理谁。有十几年，我根本不去看她，"影星说，"直到她病危，死前，我到她床边，花了三天三夜的时间，跟她两个人，把几十年心里的话全说出来，好像重新活了一遍，才解开了这个心结。她，平平安安地走了，我也平平安安地活下来。"

因为工作，我一年总有将近半年的时间在台湾。奇怪的是，我一样睡、一样起、一样写稿子，在美国却能比在台湾做更多的梦，那些梦更清晰、更丰富，也更能成为我写作的灵感。

这令人难解的现象，我想了许多年，最近终于想通了——

在美国，我不必急着去办公室，所以醒了之后，能留在床上好一阵子。心情既然轻松，又在半睡半醒之间，所以夜里的梦总在那时浮现。接着想一想、咀嚼一下，人也清醒了，也就把梦的记忆带入了白天。

在台湾则不同，才醒，就急着拿电话，打去办公室，把想到的事情留在答录机里，要秘书一早处理。既然从睁开眼睛，就没闲着，也就没时间去咀嚼夜里的梦，所以我觉得"在台湾不太会做梦"。

我不是没有梦，只是没机会想我的梦。

儿子的女同学多明尼卡·芭兰写了一本《我独自走过中国》，交给我出版。

为了让读者知道多明尼卡由美国到土耳其到乌兹别克斯坦，再进入中国，经太平洋回美的路线，我不得不在书中刊出一张她的旅行地图。

多明尼卡当时在波士顿，而书急着出版，我只好帮她画。

先去买了张世界地图，把半透明的描图纸铺上去，四边固定，再用钢笔描出整个地球的七大洲四大洋。

天哪，原本以为十分钟就能完成的事，我居然足足描了一个小时。

原来地球这么大，土地这么多。土地的边缘，又这么转来转去地变化。还有那许许多多的小岛，一个连着一个。从马来半岛一路延伸下去，跑去新几内亚，再往南，则是那大得惊人的澳洲和旁边的新西兰。

自以为已经旅行半个地球的我，到那一刻才发现还有太多没去的地方。也才发觉原本以为大的土地其实不大；本来只当不存在的世界，却又大得吓人。

在那广袤的土地上，都住着怎样的人？他们都怎样生活？怎样祈祷？怎样斗争？怎样看这个人生、这个世界？

他们对我的不了解，会不会也像我对他们那样陌生？抑或他们以我的世界为中心，我们却总是当他们不存在？

地球是圆的，哪个地方不能称作世界的中心呢？

我一边描，一边想：

我们总以自己为中心，以现在为中心，认为只有现在的自己最真实。这固然不错，只是当我们不检讨过去，不把过往的岁月摊在眼前，也就很难察觉自己的变化。

我们每天有每天的情绪，每年有每年的情怀，如同我们时时刻刻有不一样的遭遇。

我们的皮肤生了皱纹，手足生了茧子，心湖生了波纹，脑海生了浪涛。从那风风雨雨的岁月中走来，走过生命的海洋和欲望的城国，如果不把过去心灵的照片拿到今天比照，谁也难相信自己有了多大的变化。

昔日少年今白头，昔日壮怀今猥琐，昔日柔情今刚愎。我们的肚腩越来越大，却忘了更大的世界；我们的钱财越聚越多，却忘了"捐馆"的死亡就在眼前。

当有一天，我们离开这个世界，我们会因为常常在活着的时候思考过去，而觉得自己活了一生，抑或只因汲汲营营于眼前，而只觉得活了几天？

如同我的画，不排列起来看，不知自己的变化；如同我那同学，不把过去夫妻的生活想一遍，就不知相守的深情。也如同我描世界地图，不一笔一笔画过去、想过去，也就忘了这世界有多大。

当然，也如同我明明做了梦，如果不能静下心，回味、咀嚼，就只当无梦。

无梦的人生，有什么意思？

自从描那世界地图，我就常想，我心里也有张心灵的地图，是不是也该常常拿来重描一遍？

选自刘墉先生作品《爱何必百分百》

（京权）图字：01-2019-6689

图书在版编目（CIP）数据

终身教养·男孩篇 /（美）刘墉著 . -- 北京：作家
出版社，2019.10（2021.3 重印）

ISBN 978-7-5212-0739-2

Ⅰ . ①终… Ⅱ . ①刘… Ⅲ . ①男性－家庭教育 Ⅳ .
① G78

中国版本图书馆 CIP 数据核字（2019）第 216428 号

本书经刘墉授权作家出版社有限公司在中国大陆地区
独家出版发行。

终身教养·男孩篇

作　　者：（美）刘墉
责任编辑：丁文梅
特约编辑：曹福双
装帧设计：苏艾设计
出版发行：作家出版社有限公司
社　　址：北京农展馆南里 10 号　　　**邮　　编：**100125
电话传真：86-10-65067186（发行中心及邮购部）
　　　　　　86-10-65004079（总编室）
E-mail:zuojia@zuojia.net.cn
http://www.zuojiachubanshe.com
印　　刷：中煤（北京）印务有限公司
成品尺寸：170×240
字　　数：260 千字
印　　张：19.5
版　　次：2019 年 10 月第 1 版
印　　次：2021 年 3 月第 3 次印刷
ISBN 978-7-5212-0739-2
定　　价：45.00 元